Maria

Onde o céu encontra a terra

CELIA SOARES DE SOUSA
JONAS NOGUEIRA DA COSTA

Maria

Onde o céu encontra a terra

EDITORA
SANTUÁRIO

Direção editorial:
Pe. Fábio Evaristo R. Silva, C.Ss.R.
Pe. José Luís Queimado, C.Ss.R.

Conselho editorial:
Cláudio Anselmo Santos Silva, C.Ss.R.
Edvaldo Manoel Araújo, C.Ss.R.
Ferdinando Mancilio, C.Ss.R.
Gilberto Paiva, C.Ss.R.
Marco Lucas Tomaz, C.Ss.R.
Victor Hugo Lapenta, C.Ss.R.

Coordenação editorial:
Ana Lúcia de Castro Leite

Revisão:
Sofia Machado

Diagramação:
José Antonio dos Santos Junior

Capa:
Núcleo de Criação do Santuário Nacional

Ilustração da capa:
Leonardo Caetano de Almeida

Dados Internacionais de Catalogação na Publicação (CIP) de acordo com ISBD

S725m Sousa, Celia Soares de

Maria, onde o céu encontra a terra / Celia Soares de Sousa, Jonas Nogueira da Costa. - Aparecida : Editora Santuário, 2022.
128 p. ; 14cm x 21cm.

Inclui índice.
ISBN: 978-65-5527-199-7

1. Religião. 2. Cristianismo. 3. Maria. I. Costa, Jonas Nogueira da. II. Título.

2022-1353 CDD 240
CDU 24

Elaborado por Vagner Rodolfo da Silva - CRB-8/9410

Índice para catálogo sistemático:
1. Religião : Cristianismo 240
2. Religião : Cristianismo 24

1ª impressão

Rua Pe. Claro Monteiro, 342 – 12570-000 – Aparecida-SP
Tel.: 12 3104-2000 – Televendas: 0800 016 00 04
www.editorasantuario.com.br
vendas@editorasantuario.com.br

Agradecimentos

Estas reflexões não teriam vindo à luz, sem o importante apoio da Academia Marial de Aparecida, especialmente nas pessoas de Pe. José Ulysses da Silva e Eliane Dias Cassiano, que com o afã de fazer a mariologia crescer mais e melhor em nosso solo brasileiro acolheram essa iniciativa. Nosso sincero agradecimento e nossas orações.

Sumário

Segunda parte

MARIA NO CORAÇÃO DA TRINDADE

Siglas

CV – *Christus Vivit*

DH – Denzing – Hünermann

DP – Documento de Puebla

EE – *Ecllesia de Eucharistia*

DSD – Documento de Santo Domingo

GeE – *Gaudete et Exsultate*

GS – *Gaudium et Spes*

LG – Lumen Gentium

LS – *Laudato Si'*

MC – *Marialis Cultus*

PC – *Patris Cordi*

PG – Patrologia Grega

PL – Patrologia Latina

EG – *Evangelli Gaudium*

Prefácio

Lina Boff
Professora emérita da Puc-Rio

Este livro tem como objetivo esclarecer os desafios levantados pelas pessoas que evangelizam na pastoral mariana, da rica piedade popular do nosso Brasil e do extenso Continente Latino-americano e Caribenho. O primeiro capítulo vem enriquecer as muitas publicações, que sempre aparecem no campo da pastoral mariana, nas livrarias, e preencher lacunas ainda existentes. Essa parte nos presenteia com muita coisa nova e muito desafio levantado. Ela nos oferece um aprofundamento e bem fundamentado texto, dessa publicação, colocando Maria como Mãe da Igreja, ancorada desde as raízes desse título dado à Mãe de Deus. Resgata, no magistério do atual pontífice, as muitas dimensões maternais e serviçais com que Maria tece a face da Igreja como Povo, como Rebanho, como Corpo Místico e, finalmente, como Mistério. Dá-nos a compreensão de uma Igreja que tem uma Mãe, que tem uma profecia, uma Igreja real, que é invisível a nós, porque somos pessoas pequenas na inteligência da fé, para imergir em seu mistério. Mas, ao mesmo tempo, dá-nos a entender que a Igreja é visível em suas estruturas que acompanham o caminhar das coisas históricas, sociais, culturais e terrenas, que sempre mudam.

Esta publicação nos faz entrever como o feminino de Deus está presente em todas as dimensões de uma Igreja viva e que gera Vida pelo batismo, porque a Mãe de Deus aponta para o Cristo da Fé. Finalmente, segundo a autora da primeira parte do livro, que apresenta Maria como "A evangelizadora da Igreja", esta obra remete-nos à concepção trinitária de Igreja. Maria fez essa experiência trinitária no Mistério da Encarnação. Ao ser visitada pelo Anjo Gabriel, para anunciar-lhe que iria ser a Mãe do Salvador, depois de sofrido diálogo com o Mensageiro de Deus, Maria responde com seu SIM ao Projeto do Pai, que envia o Espírito Santo sobre Maria de Nazaré, para ser a Mãe do Filho de Deus. Nesse momento, Maria entrega-se, totalmente, ao Mistério Insondável da Trindade Santa, para trazer aquele que "completa a plenitude dos tempos" e a salvação da humanidade.

Na segunda parte da publicação deste novo livro, o autor desperta interesse e curiosidade naquilo que escreve, porque fundamenta muito bem tudo o que elabora. Sua fundamentação teológica recorre aos mitos da cultura e da religião grega; é fiel a uma vertente bíblica, desde o Antigo ao Novo Testamento, passando pela Patrística, a antiga teologia clássica, até nossos dias. Como muito bom teólogo, e atento aos diferentes momentos históricos pelos quais a teologia passou, coloca muito bem Maria de Nazaré em seu tempo e contexto, em seu culto e em sua devoção, e em suas prefigurações gregas, religiosas, no campo do Sagrado e nas distintas culturas.

De acordo com o autor, essa parte do livro aprofunda-se mais na reflexão sobre a transparência de Maria diante do mistério trinitário. Ele faz uma longa introdução, que leva em consideração a influência dos vários desafios colocados pelas religiões, pela cultura, pela interpretação histórica distorcida dos fatos e seu contexto; tudo acompanhado com o levantamento de questões que tratam da relação humana com o sagrado, com o divino e seu reflexo na relação das pessoas, que creem e cultivam sua fé em Deus Pai, Deus Filho e Deus Espírito Santo. Trata também sobre como isso tudo influencia a Tradição bíblica, como, por exemplo, o Deus de nossos pais, o Deus de nossas mães, as grandes mães de Israel e todas as demais mulheres do Antigo e do Novo Testamento, que colaboraram na História da salvação, até chegarmos em Maria de Nazaré, que traz a Plenitude da Revelação, a Nova criação, os Novos Tempos, as Novas Terras e os Novos Céus.

Frei Jonas apresenta a maternidade humana e divina de Maria, tirando algumas consequências do mistério da encarnação. Dá longa e profunda atenção à maternidade virginal de Maria, percorrendo o caminho dos Padres dos primeiros séculos até os nossos padres mais próximos, para dar a Maria a veste de estar diante de Deus de um novo modo de ser, de pensar e de agir. Seria nascer outra vez, como Nicodemos, para imergir no mistério trinitário do Deus Santo, do Deus Amor. Em todos os títulos e os subtítulos dessa parte do livro, frei Jonas colhe um conhecimento e uma profundidade do mistério de Maria no mistério trinitário. Enfim, depois dessas pobres palavras e parca interpretação de minha parte sobre seu capítulo deste livro, quero terminar como você concluiu sua rica e substancial pesquisa.

> ... a encarnação (é) uma ação das três Pessoas divinas, estamos diante de uma *porta que se abre* ao mistério trinitá-

> rio. Maria é essa porta, e vista em sua singularidade deixa transparecer algo muito maior do que ela, ou seja, ela em sua *transparência* nos permite ver o amor e a fidelidade da Trindade em nossa história. Diante do mistério trinitário, que quer acolher todo o universo, Maria coloca-se como no ministério da acolhida. Ela assume a voz de Deus nos dizendo: "Lembre-se, é preciso tirar as sandálias, esse lugar é santo" (Ex 3,5). Ao seu lembrete, somos convidados a tirar as sandálias carregadas do pó de nossa cansativa infidelidade ao Evangelho. Maria vai mais além, nos oferece água morna para os pés, como alívio e limpeza. Em tudo e em todos os momentos, a Virgem Mãe de Deus nos aponta para Deus, Trindade Santa e Bendita.

Como professora emérita da PUC-Rio, sempre pude alimentar minha vocação de teóloga e cultora da mariologia, incentivando as jovens vocações, que vêm surgindo dos Centros de Formação acadêmica, para que pesquisem, elaborem e publiquem os textos produzidos nesta sua caminhada, como é o caso de Celia e frei Jonas. O incentivo que dou à autora e ao autor deste livro é o mesmo que dou a cada leitor, para que conheça o processo evangelizador pastoral e o fundamento teológico que sustenta essa prática, por meio da leitura da obra, que agora vai a público. Parabéns à jovem autora e ao jovem autor de um livro que vale a pena conhecer.

INTRODUÇÃO

Onde o céu encontra a terra

O ponto de partida para uma mariologia, que esteja à altura das demandas teológicas, eclesiais e do mundo hodierno, é sempre a iniciativa divina. É Deus quem se volta com amor para aquela que foi escolhida como a "Mãe do Senhor". E voltando-se a Maria com amor, envolvendo-a em um mistério de singular escolha, faz da Virgem de Nazaré o "lugar santo", *onde o céu encontra a terra*. Isso porque "Deus enviou seu Filho", do mais alto de seu amor de Pai, no poder do Espírito Santo, para viver entre nós como um "nascido de mulher" (Gl 4,4). E é Maria esse ponto, esse *solo fecundo,* que acolheu o Verbo que se fez homem.

Esse movimento do *céu para a terra* é algo que constatamos em toda a narrativa bíblica. É Deus que se volta para o *caos* antes da criação e o transforma em *cosmos*; que vê, ouve, conhece e desce para libertar seu povo da humilhação no Egito (Ex 3,7-8); que em glória vem sobre o templo com seu esplendor (2Cr 7,1-3); que se inclina no ouvido dos profetas e por suas bocas fala; e que, "quando completou o tempo previsto" (Gl 4,4), enviou seu Filho e o Espírito Santo. Desse modo, Maria insere-se como a testemunha mais qualificada desse movimento divino.

Tomando esse testemunho de Maria é que na primeira parte deste livro olhamos para a Igreja, que, a exemplo de Maria, é chamada a responder a sua vocação de Povo de Deus, comunidade de mulheres e de homens, que, pela graça do batismo, anunciam o Reino de Deus. Maria vem nos ensinar a sermos uma Igreja em que o princípio da comunhão seja uma realidade dentro de nossas comunidades eclesiais, mas, também, a força que nos faz ser uma "Igreja em saída", pois a comunhão é dom do Espírito Santo.

Também o testemunho de Maria evoca um olhar para o mistério de Deus em si mesmo e em transbordamento de si para o universo, ou seja, ver Deus enquanto Trindade. O movimento de Deus em direção a Maria é totalmente singular, mas nessa singularidade encontramos toda a humanidade que experimenta Deus de forma totalmente nova, pois, em Maria, o ser humano foi capaz de "conceber, gerar e dar à luz Deus", não como fonte da divindade, mas como criatura que verdadeiramente foi capaz de acolher a iniciativa de Deus, que, gratuitamente, quis dar-se a todos nós, plenamente, em seu Verbo.

No coração da Igreja e no coração da Trindade, encontramos Maria de Nazaré. Com ela, estamos todos nós, como Povo de Deus em direção ao coração do Pai.

PRIMEIRA PARTE

Maria e a Igreja

Celia Soares de Sousa

Introdução

O presente texto não se dispõe a ser um tratado de Mariologia. No entanto, faz um resgate de Maria como evangelizadora, a serviço do Povo de Deus e da Igreja.

Ela, que foi apresentada como *Mater Ecclesia*, ou seja, Mãe da Igreja, avançou no caminho da perfeita discípula. E, ainda hoje, inspira e motiva cristãos de todos os lugares do mundo a olhar para seu exemplo, seu perfil de mulher forte, que conheceu de perto a pobreza, a fuga, o exílio.

No discurso conclusivo da terceira sessão conciliar, durante a reunião que promulgava a Constituição *Lumen Gentium*, o papa Paulo VI, no dia 21 de novembro de 1964, proclamou Maria como *Mãe da Igreja*. O papa João XXIII, em 1960, havia definido Nossa Senhora dessa forma.

A partir da Segunda Conferência Episcopal na América Latina e Caribe, realizada em Medellín, "Maria é vista como inserida na comunidade eclesial, como aquela que perseverava na oração com toda a Igreja, mas particularmente com o episcopado latino-americano"[1].

No documento final da terceira Conferência do Episcopado latino-americano e caribenho, em Puebla (1979), a Mariologia apresentada está em consonância com o Concílio Vaticano II. Maria, mãe e modelo da Igreja (n. 252-285); Mãe da Igreja (n. 286-291) e Modelo da Igreja (292-303), entre outros textos, de igual importância, no mesmo documento.

---

[1] CAPRANI, Julio. Maria a Estrela da evangelização. A presença de Maria nas cinco Conferências Gerais do CELAM. São Paulo: Editora Ave Maria, 2014. P. 59.

O documento de Puebla apresenta Maria como mulher livre[2]. O Concílio Vaticano II já havia apresentado Maria como a mulher peregrina na fé.

A quarta Conferência latino-americana e caribenha, em Santo Domingo (1992), apesar de apresentar rupturas na eclesiologia concernentes às duas Conferências anteriores, apresenta Maria como uma mulher de fé[3] e a perfeita discípula.

O Documento de Santo Domingo apresenta Maria como inspiração para as mulheres que sofrem as imposições das estruturas patriarcais. Ela torna-se protagonista de uma nova história de libertação, seja pelo seguimento a Jesus, seja pela inspiração como tipo e modelo de cristã[4].

"Maria é grande missionária, continuadora da missão de seu Filho e formadora de missionários."[5] Nesse contexto que Maria foi apresentada na V Conferência Geral do Celam[6], em Aparecida (2007), e em sintonia som o tema Conferência: Discípulos missionários de Jesus Cristo para que nele todos os povos tenham vida.

O Documento de Aparecida diz que Maria é formadora de missionários. Nela encontramos a fonte e inspiração da Missão, pois ela aponta para o Filho Jesus:

---

[2] DP, n. 296. "Maria é reconhecida como modelo extraordinário da Igreja na ordem da fé. É aquela que crê, pois nela resplandece a fé como dom, abertura, resposta e fidelidade. É a discípula perfeita que se abre à palavra e se deixa penetrar por seu dinamismo. Quando não a compreende e fica surpresa (...)."

[3] DSD, n. 15.

[4] DSD, 104: "Maria tem representado um papel muito importante na evangelização das mulheres latino-americanas e tem feito delas evangelizadoras eficazes como esposas, mães, religiosas, trabalhadoras, camponesas, profissionais (...)".

[5] DAp, n. 269.

[6] CELAM – Conselho Episcopal Latino-Americano e Caribenho.

> Detemos o olhar em Maria e reconhecemos nela uma imagem perfeita de discípula missionária. Ela nos exorta a fazer o que Jesus nos diz (cf. Jo 2,5) para que Ele possa derramar sua vida na América Latina e no Caribe (...)[7].

Maria é Igreja!

Cada cristão é Igreja, quando assume com maturidade na fé e responsabilidade seu batismo, na Igreja e na Sociedade, é sujeito eclesial. Avancemos com a afirmação do papa Francisco: "Pois Maria é como Deus nos quer, como quer sua Igreja: mãe, terna, humilde, pobre de coisas e rica de amor, livre do pecado, unida a Jesus, que guarda Deus no coração e o próximo na vida. Para recomeçar, ponhamos os olhos na Mãe. Em seu coração, bate o coração da Igreja"[8].

1. A evangelizadora Maria, Mãe da Igreja

Maria de Nazaré, a Mãe de Jesus, vive sua experiência de fé, na fidelidade como e com o Povo de Deus. Isso significa dizer que ela não dependeu das estruturas judaicas de seu tempo para vivenciar sua fé. De outro modo, evidencia que a fé e o testemunho comunitário vivenciados por Maria estavam enraizados na realização da promessa de Deus, do Deus da Aliança e da Libertação, que não estavam sujeitos a qualquer Lei humana.

---

[7] DAp, n. 364.

[8] FRANCISCO, Papa. Homilia do Papa Francisco. Santa Missa na Solenidade de Maria Santíssima Mãe de Deus. Vaticano, 2018. In https://www.vatican.va/content/francesco/pt/homilies/2018/documents/papa-francesco_20180101_omelia-giornata-mondiale-pace.html. Acesso em: 25.2.2022.

A força e a energia do Divino Espírito de amor, sobre a Mãe de Jesus, conduzem a vida e suas ações no dinamismo da Trindade. Ela, que avançou no caminho da fé[9], continua, ainda hoje, peregrinando na história com a Igreja e com seu povo. São inúmeras as pessoas, especialmente as mães, que assemelham seu sofrimento ao sofrimento de Maria, e pedem para Ela, seja na reza do terço, nas tantas Ave-Marias que o povo espera alcançar uma graça em nome do sacrifício de Jesus[10].

Seu testemunho como mulher, leiga, pobre, esposa e mãe, relatados timidamente no Novo Testamento e nas Cartas Paulinas "comprova a presença de Maria primeiramente na vida de Jesus e também na vida da Igreja apostólica, presença essa que continuará no desdobramento da Igreja, testemunhado pelos numerosos textos dos Padres da Igreja, que falaram e escreveram com entusiasmo sobre Maria"[11].

Considerar a importância, primariamente, de Maria como mulher é fundamental para compreender que a mulher pobre de Nazaré tem um coração aberto para Deus. "Maria é mulher. Vive numa sociedade patriarcal, na qual os homens têm a primeira e a última palavra".[12] Uma sociedade em que os homens são prioritariamente os que são ensinados. "Elas não podem conversar com um homem em público. Ficam confinadas em casa."[13]

---

[9] LG, n. 58.

[10] EG, n. 125.

[11] IWASHITA, *Pedro K. Maria na Teologia Simbólica da Patrística. In* https://revistas.pucsp.br/index.php/culturateo/article/view/rct.i87.28560/20047. Acesso em 29/01/2022, p. 178.

[12] MURAD, Afonso. *Maria toda de Deus e tão humana.* Compêndio de Mariologia. São Paulo: Paulinas, Aparecida, Santuário, 2012, p. 46.

[13] Idem, p. 46.

Ter o coração aberto para Deus fez de Maria um fecundo terreno para que ela, como perfeita discípula de Jesus, pudesse acolher a proposta de Deus[14], guardar a palavra de Deus no coração[15] e ser reconhecida como a discípula que dá bons frutos[16].

A importância de enxergar na pessoa de Maria a mulher livre e servidora, é perceber que ela é uma mulher que, em sua integridade e inteireza, serve ao Projeto de Deus. Não como uma mulher submissa aos esquemas da sociedade de seu tempo, quando o normal seria esperar os homens decidir pelas mulheres. A tradição indica que ela viveu como mãe e esposa, por isso a importância da Sagrada Família de Nazaré.

A Igreja apresenta Maria como modelo, contudo é fundamental considerar sua condição nem abaixo e nem fora de sua humanidade. Alvarez destaca a aproximação da Mãe de Jesus, entre nós. Para ele:

> Maria é uma mulher entre as mulheres, uma mulher de nosso mundo, uma mulher que – como outras – conheceu a dupla condição de esposa e mãe. Hoje em dia, muitos percebem na Mãe de Jesus uma mulher "entre nós", uma criatura de Deus que participou verdadeiramente dos pobres de Israel e cujo olhar tão humano continua animando a fé e a esperança dos humildes[17].

---

[14] Idem, p. 34.

[15] Idem, p. 36.

[16] Idem, p. 39.

[17] ÁLVAREZ, Carlos G. Maria Discípula de Jesus e mensageira do Evangelho. São Paulo: Paulinas, Paulus, 2005. p. 18.

Maria não seria citada pelas comunidades primitivas, se seu testemunho não fosse marcante para aquele povo. "Se o título de Maria, Mãe da Igreja, tem raízes nos primeiros tempos do cristianismo – e já está presente no pensamento de Santo Agostinho e São Leão Magno, no Credo de Niceia de 325, e já os Padres do Concílio de Éfeso (430) haviam definido Maria como 'verdadeira mãe de Deus' – ele retorna ao Magistério de Bento XIV e Leão XIII"[18].

Não obstante, a proclamação de Maria Santíssima como Mãe da Igreja foi feita somente no Discurso de São Paulo VI, ao final do encerramento da terceira sessão do Concílio Ecumênico Vaticano II, e carrega uma força e uma energia próprias da Mãe de Deus, que, coberta pela energia do Alto, convoca toda a Igreja a seguir com fidelidade no discipulado de seu Filho Jesus: "Portanto, para glória da Virgem e para nosso conforto, proclamamos Maria Santíssima 'Mãe da Igreja', isto é, de todo o Povo de Deus, tanto dos fiéis como dos pastores, que lhe chamam Mãe amorosíssima; e queremos que com este título suavíssimo seja a Virgem doravante honrada e invocada por todo o povo cristão"[19].

A maternidade de Maria, fruto do cuidado da discípula que presente com a comunidade, ela e outras mulheres (cf. At 1,14), é reconhecida desde as comunidades primitivas, e ainda hoje "todo o povo de Deus, tanto os fiéis como os pastores, que lhe chamam de Mãe amorosíssima"[20]. A Igreja não existe sem

---

[18] MASOTTI, Adriana - Cidade do Vaticano. O sentido da Mãe na Igreja. In: https://www.vaticannews.va/pt/papa/news/2020-06/maria-mae-da-igreja.html. Acesso em 11.05.2021.

[19] SÃO PAULO VI, Maria Mãe da Igreja, O magistério mariano de Paulo VI. Campinas, SP: CEDET, 2017. Traduzido por Libreria Editrice Vaticana. p. 18-19.

[20] Idem, p. 18.

a graça de Deus! É nela e por ela que Deus manifesta em cada pessoa que adere, com fidelidade e amor, ao projeto de Deus. São homens e mulheres chamadas/os a continuar na história como canal da graça, não por mérito, mas pela misericórdia do próprio Jesus em cada pessoa.

Portanto olhar para Maria como Mãe da Igreja enche-nos de ânimo e confiança, "Ela, que em Jesus nos deu a fonte da graça, não deixará de socorrer a Igreja, agora que esta, florescente pela abundância dos dons do Espírito Santo, com novo alento, empenha-se em sua missão salvadora"[21].

Ela é cooperadora generosa, "por tudo isso, ela é nossa mãe na ordem da graça"[22].

1.1. A alegria da pertença ao grupo de Jesus

A experiência da vida em comunidade é uma preocupação constante na história do ser humano. Desde períodos remotos, a humanidade tem recorrido à necessidade da pertença a grupos sociais, culturais, religiosos, tendo em vista que este aspecto afeta integralmente a vida de cada pessoa[23].

O próprio povo de Deus, na História da Salvação, experimentou a presença e a pertença a Deus Pai, na medida em que aderiu a sua proposta de Justiça e Verdade, desde a experiência do Exílio, por 400 anos no Egito; a saída pelo deserto, rumo à Terra

---

[21] Idem, p. 18-19.

[22] LG, n. 61.

[23] (...) Ao menos desde o Neolítico, a sociedade se estruturou em regime de comunidade. Sem vida comunitária, o ser humano deixa de ser humano, porque renuncia a seu ser social, já que é radicalmente a um sócio ou colaborador que necessita dos outros para seu próprio desenvolvimento e amadurecimento (...). FLORISTAN, Casiano. Novo Dicionário de Teologia. Verbete: Comunidade.

prometida; a primeira Assembleia em Siquem, organizada por Josué (Js 24); a experiência das famílias, dos clãs e das tribos, que representaram as 12 tribos de Israel; os grupos do Reino do Norte e os do Reino do Sul; os grupos das e dos profetas resistentes à dominação, ao império e à morte, até o resto de Israel (cf. Sf 3).

Essas narrativas bíblicas nos permitem descortinar a dinâmica de pertencimento de alguns grupos sociais a uma única proposta: a Aliança de Deus com seu povo. No que corresponde ao elemento antropológico, eram diversos os grupos sociais e culturais que se questionavam sobre as razões para seguir o projeto do Deus da Aliança (cf. Ex 15,24). Nos aspectos políticos havia um forte interesse de dominação política por poderosas nações estabilizadas geopolítica e economicamente, por exemplo Babilônia, Egito entre outras.

O que levou muitas pessoas a aderirem ao projeto de Deus – O Deus da Aliança que prometeu libertação e posse da Terra – era e continua sendo a fidelidade a Ele e a sua Aliança: "Amarás ao Senhor teu Deus de todo o teu coração, de toda a tua alma e de todo o teu ser, e não servirás a outros deuses" (cf. Ex 20,1ss).

Aderir ou se sentir pertencente são comportamentos que fortalecem os laços das relações comunitárias, sejam elas familiares, afetivas ou culturais. A raiz etimológica do vocábulo *comunidade* indica ter algo em comum, portanto indica uma identificação das pessoas neste lugar – comunidade – que é um núcleo fundamental da vida humana.

Há, atualmente, um esvaziamento da experiência comunitária com a ascensão das mídias e redes sociais. Apesar disso, compreender essa experiência humana e comunitária nos remete à experiência de comunidade perfeita que habita no Deus Trino.

Na Trindade Santa, como modelo para experimentar os laços de bem querer, o verdadeiro amor-doação nos revela um percurso místico de como experimentar a comunidade perfeita de amor, ou seja, conceber e vivenciar na dinâmica da "união da diversidade"[24]. Abrir o coração para essa experiência do derramamento de Amor dos Divinos Três é uma exigência constante para quem deseja participar da ação salvífica de Deus, não por mérito, mas pela Graça Salvadora.

O movimento *pericorético* da Trindade convida a pessoa humana a se envolver na dinâmica dos Divinos Três e a eles se assemelhar. O teólogo Boff comenta que "na experiência do mistério há sim a diversidade (o Pai, o Filho e o Espírito Santo) e, ao mesmo tempo, a união desta diversidade, mediante a comunhão dos Diversos pela qual estão uns nos outros, com os outros e para os outros"[25].

Na história da Salvação, Deus chamou muitas mulheres para compor seu povo; mulheres pobres, simples, mulheres com liderança, outras com importante participação nas estruturas da sociedade: Ruth, Tamar, Ester, Ana, Débora, chamou Maria de Nazaré e continua a chamar outras mulheres.

O pertencimento da jovem e leiga, Maria de Nazaré, ao grupo dos que esperavam o Messias, o "resto de Israel" que representam os pobres de Javé –, os que resistiram na fidelidade ao

---

[24] BOFF, Leonardo. A Trindade e a Sociedade, O Deus que liberta o seu povo. Petrópolis, RJ: Vozes, 1996. p. 13.

[25] Idem.

projeto de Deus, caracteriza a experiência comunitária e profética de Maria.

O texto sagrado explicita a participação efetiva de Maria na História da Salvação como uma importante colaboradora de Deus. Considerando os limites impostos pela sociedade patriarcal para a participação da mulher nos ambientes religiosos, social e político, Deus subverte a ordem humana e escolhe contar com uma mulher para consolidar seu plano de redenção ao constituir Maria como a Mãe de Jesus (cf. Lc 1,26).

Maria exultou de alegria ao saber que seria Mãe de Jesus (cf. Lc 1,46). Ela não hesitou em questionar (cf. Lc 1,34) como enfrentaria uma sociedade interesseira, individualista e legalista, capaz de pretender assassinar o Filho de Deus, tão logo nascesse (cf. Mt 2,13-15).

Certamente, Maria teve medo, humanamente falando, no entanto, a fidelidade superou as incertezas que encontraria pelo caminho. Ela acreditou! Ainda que o projeto de Deus, no qual ela confiou, fosse um projeto desafiador para sua vida e para sua família. Sua resposta e entrega foi inteira, de alguém que estava disposta não a seguir pela metade, mas com sua vida, com todo o seu ser feminino e humano.

Maria e José, na companhia de Jesus menino, tiveram de fugir para o Egito (cf. Mt 2,13-23). A fuga da morte e da violência, que afeta milhares de famílias ainda hoje, afetou também a pobre e fiel família de Nazaré. Comenta o papa Francisco que

> o Evangelho não dá informações relativas ao tempo que Maria, José e o Menino permaneceram no Egito. Mas certamente tive-

ram de comer, encontrar uma casa, um emprego. Não é preciso muita imaginação para colmatar o silêncio do Evangelho a tal respeito. A Sagrada Família teve de enfrentar problemas concretos, como todas as outras famílias, como muitos dos nossos irmãos migrantes que ainda hoje arriscam a vida, acossados pelas desventuras e a fome. Neste sentido, creio que São José seja verdadeiramente um padroeiro especial para quantos têm de deixar sua terra por causa das guerras, do ódio, da perseguição e da miséria"[26].

O medo é uma atitude paralisante. O papa Francisco disse que precisamos do impulso do Espírito para não sermos paralisados pelo medo e o calculismo, para não nos habituarmos a caminhar só dentro de confins seguros, e nos alerta para a importante entrega radical ao Espírito Santo, para libertar e expulsar aquele medo que impede a abertura e as mudanças, e tende a provocar enfraquecimentos nas decisões, no serviço e no testemunho[27].

Maria, como modelo de virtude[28], aponta para rede de relações que não se reduz a comportamentos normais esperados para uma mulher – judia – de seu tempo e da cultura da época. Ela é a mulher, por Deus escolhida, que vem nos mostrar que "é preciso fazer o que Ele (Jesus) disser" (cf. Jo 2,5), no Caminho, na adesão, no discipulado e no seguimento de, e com, Jesus. Maria, perfeita discípula seguidora, sempre presente com sua comunidade e preocupada com as necessidades das outras pessoas, ensina-nos que a adesão ao chamado de Deus implica

---

[26] cf. PC, n. 5.

[27] cf. GeE, n. 175.

[28] LG, n. 63 e 65.

em adesão à proposta do Reino de Deus, anunciada por Jesus, com a coragem de se desinstalar e se converter.

Uma comunidade que não se abre à novidade da Boa Notícia de Jesus está sujeita a impor paixões e desejos humanos, os quais são limitados na condição humana. Nesse sentido, Maria, ainda hoje, pede para seu Filho que não deixe faltar na vida daqueles que o aderem: o vinho da Vida, da festa e da alegria, que só saboreia quem adere e permanece com Jesus.

Um grande impedimento para que o anúncio do Evangelho seja sempre uma novidade pode ser gerado pelas próprias estruturas, muitas vezes caducadas e sem capacidade de renovação. Com isso não permitem que a graça do Santo Espírito de Deus, que renova todas as coisas, possa também fortalecer as capacidades humanas de experimentar o Divino e Infinito Amor de Deus, que deseja Ser presença amorosa em todas as pessoas e estruturas, desde que realize sua verdadeira e plena justiça, a justiça do Reino de Deus.

Muito atento a essa realidade, alerta-nos o papa Francisco: "Há estruturas eclesiais que podem chegar a condicionar um dinamismo evangelizador; de igual modo, as boas estruturas servem quando há uma vida que as anima, sustenta e avalia. Sem vida nova e espírito evangélico autêntico, sem fidelidade da Igreja à própria vocação, toda e qualquer nova estrutura se corrompe em pouco tempo"[29]. Esse é um risco para a Igreja, que precisa anunciar o Evangelho sobre os telhados (cf. Mt 10,27), dando respostas aos desafios dos tempos atuais, especialmente

[29] EG, n. 26.

em tempos em que se comunica a fé pelas redes e mídias sociais, sem perder a importância da cultura e do encontro.

"Fazer tudo o que Ele vos disser" (cf. Jo 2,5). A Mãe de Jesus, presente na festa de casamento, convoca todos a aderir ao Grupo de Jesus – a Igreja – a uma radicalidade no compromisso, capaz de promover a transformação das estruturas que não geram vida, e a uma profunda conversão e abertura ao Espírito Santo. É fruto da Trindade Santa o derramamento de Amor para cada pessoa, para a Igreja e para toda a humanidade, o qual espera ardentemente ser acolhido.

1.2. A comunidade, lugar da unidade na fé

Após a Ascensão de Jesus, os discípulos voltaram para Jerusalém e se reuniram em um lugar onde costumavam se encontrar. A referência ao costume evidencia a prática do encontro da comunidade, e o núcleo da fé que os unia era que "todos eles tinham os mesmos sentimentos e eram assíduos na oração, juntamente com algumas mulheres, entre as quais Maria, Mãe de Jesus, e com os irmãos de Jesus" (cf. At 1,12-14).

Branick comenta que há uma conexão entre sinagoga (do grego *synagoge*, é simplesmente uma forma substantivada do verbo *synagein*, significando reunir-se) e a casa particular. Para ele, "a conexão, bem como o desenvolvimento dessa conexão, parece ser um paralelo com a Igreja cristã"[30].

Nesse sentido, a participação da Mãe de Jesus, na comunidade dos que creem em Jesus, revela-nos a profunda necessidade

[30] BRANICK, VINCENT. A Igreja doméstica nos escritos de Paulo. São Paulo: Paulus, 1994. p. 46-48.

de vivenciar a fé não isoladamente, mas em comunidade, seja nos momentos de alegria, de conflito, de dor e de esperança. Sua presença de mulher, de fé, revela que não há impedimento para uma efetiva participação na Igreja nascente, e o mesmo na Igreja peregrina.

À comunidade dos seguidores é incumbido o discernimento no testemunho com pertença eclesial e social, com o objetivo de gerar frutos de justiça e de paz. Essas ações certamente trarão resultados consistentes, se realizadas a partir da dinâmica da sinodalidade[31]. Para o papa Francisco "a missão exige a habilidade de percorrer um caminho sinodal, que é precisamente o caminho que Deus espera da Igreja no terceiro milênio"[32]. Veremos, adiante, a sinodalidade no tópico sobre *Maria e a dimensão sinodal da pastoral.*

Jesus, o Filho de Deus, foi revelado por Deus, em sua humanidade em meio a nós, em sua encarnação, e como membro da Trindade Santa comunica a todos o transbordamento do Amor Divino e Trino. Chama as pessoas de fé para experimentar esse amor doado e oferecido a toda a humanidade, até a morte, e morte de Cruz.

O ser comunidade, para Jesus de Nazaré, podemos dizer, é intrínseco a sua vida desde a eternidade, visto que participava do seio da Trindade junto ao Pai e ao Espírito Santo de Amor, gerador de vida. Com seus pais, viveu a experiência da pequena comunidade na companhia de Maria e José. A hora de Jesus, narrada no Evangelho de João, é a cruz. Porém bem sabemos que essa Hora foi consequência de uma vida doada no anúncio

---

[31] Comissão Teológica Internacional, Documentos da Igreja 48, n. 6 e 7.

[32] CNBB Documento 109, n. 39, "sinodalidade significa o comprometimento e a participação de todo o Povo de Deus na vida e na missão da Igreja, uma vez que todos, portanto, são corresponsáveis pela vida e pela missão da comunidade (...).

e no testemunho do projeto de Deus, juntamente com seus discípulos e suas discípulas, que o seguiam pelo caminho.

Ser comunidade de fé para Jesus foi sair, primeiramente, do seio da família. Para ele "minha mãe e meus irmãos são todos os que escutam a Palavra de Deus e a colocam em prática" (Lc 8,19-21). É também sair da Galileia dos pobres e continuar caminhando com os pobres. No caminho para Jerusalém, Jesus formou comunidade e ali ensinava. E, em Jerusalém, a comunidade o acompanhou em sua Hora. Também Maria, sua mãe, que sempre fez experiência de comunidade e caminhou até Jerusalém, estava lá, com Jesus, aos pés da Cruz (cf. Jo 19,25).

Cada pessoa batizada (cristãs e cristãos) é chamada a fazer uma experiência profunda de fé e de adesão no encontro pessoal com Cristo, configurada a Ele para viver uma vida nova, participante do Corpo Místico de Cristo, que é a Igreja.

Ao assumirem essa vida nova, os cristãos procuram amadurecer sua fé e sua humanidade, a partir do testemunho do próprio Jesus de Nazaré, na Igreja e na sociedade. Ele nos revela o desejo do Pai quando, ao realizar sua missão, vai ao encontro das pessoas que viviam as situações de pobreza e vulnerabilidade, contrariando, assim, as ações dos poderes políticos e religiosos de seu tempo, da negação das condições de vida digna ao povo de Deus.

2. A dimensão Mariana no Magistério do papa Francisco

O papa Francisco destaca a presença e a pertença de Maria, na comunidade de fé e como evangelizadora: "Juntamente com o Espírito Santo, sempre está Maria no meio do povo. Ela reunia os discípulos para o invocarem (At 1,14), e, assim, tornou possível a explosão missionária, que se deu no Pentecostes. Ela é a Mãe da Igreja evangelizadora e, sem Ela, não podemos compreender cabalmente o espírito da nova evangelização"[33].

Maria, com sua força, apesar da teimosia contra o sistema de morte de Belém e os sistemas de hoje[34], é a Mãe consoladora dos aflitos para tantas pessoas que dela se aproximam, em razão de a reconhecerem como a Mãe que acolhe, pois estas "são também as alegrias e as esperanças, as tristezas e as angústias dos discípulos de Cristo"[35].

Como ser Igreja *"em saída"*, para responder ao chamado que Francisco faz a toda a Igreja? Como viver a dimensão do *sair apressadamente de Maria*, nas realidades de dor e sofrimento em que vivem tantas pessoas?

Na disponibilidade de Maria, Mãe da Igreja, há uma profunda sintonia com o percurso que o papa Francisco propõe para toda a Igreja, ou seja, para todos os cristãos e cristãs batizados: "envolver-se, acompanhar, frutificar e festejar"[36].

Convido você, leitora e leitor, a refletir a pessoa de Maria como modelo de evangelizadora para toda a Igreja, a qual é chamada a ser radicalmente **maternal, serviçal, samaritana,**

---

[33] EG, n. 284.

[34] SOUSA, Celia S. Aprender de Maria: teimosia na luta contra o sistema de morte de Belém e dos sistemas de hoje. In Revista Vida Pastoral, Ano 56, n. 304 https://www.vidapastoral.com.br/artigos/aprender-de-maria-teimosia-na-luta-contra-o-sistema-de-morte-de-belem-e-dos-sistemas-de-hoje/. Acesso em: 1.2.2022.

[35] GS, n. 1.

[36] LG, n. 24.

profética consoladora[37], seguindo os passos de Jesus de Nazaré em todas as realidades onde se exige o cuidado pela vida[38].

2.1. A dimensão maternal da Igreja

A dimensão maternal em Maria foi revelada desde a espera do Messias. Uma jovem, talvez como muitas com sonhos e projetos de vida, deixou-se encantar com o chamado de Deus. A ternura e o cuidado de Maria com José, de Maria e José com Jesus, certamente, revelam-nos uma dimensão profunda do amor alicerçado no Amor doação, frutos da presença amorosa da Trindade Santa.

O amor quando doado se multiplica e fortalece. Um amor narcisista se fecha e se autoprotege. O papa Francisco comenta que "nós, como membros da Igreja, devemos ter a coragem de ser diferentes, mostrar outros sonhos que este mundo não oferece, testemunhar a beleza da generosidade, do serviço, da pureza, da fortaleza, do perdão, da fidelidade à própria vocação, da oração, da luta pela justiça e o bem comum, do amor aos pobres, da amizade social"[39].

A coragem de Maria, ao assumir ser a Mãe do Filho de Deus, a tipifica como modelo para a Igreja, sobretudo para os jovens e para as mulheres, a maioria das pessoas que se reconhecem como Igreja. Diante de tantos projetos pessoais na vida de cada um, como acolher um chamado que exige renúncias?

---

[37] Cf. CNBB Documento 105.

[38] Sobre o documento 105 da CNBB comentou Dom Leonardo Steiner: "Mulheres e homens que constroem o Reino da verdade e da graça, do amor e da paz; que assumem serviços e ministérios que tornam a Igreja consoladora, samaritana, profética, serviçal, maternal". In https://diocesedepiracicaba.org.br/capa.asp?nb=661. Acesso em: 1.1.2022.

[39] CV, n. 36.

Ao longo dos séculos, são muitas vidas doadas em nome do Evangelho, para o grande e único Anúncio, ou seja, o *kerygma*, que Jesus é o Salvador, o Libertador. Francisco comenta que "sempre impressiona a força do *sim* de Maria, jovem. A força daquele 'faça-se em Mim' que (Maria) disse ao anjo (cf. Lc 1,26-38). (...) Era determinada: compreendeu do que se tratava e disse *sim*, sem rodeios de palavras. Foi algo mais, qualquer coisa de diferente. Foi o *sim* de quem quer comprometer-se e arriscar, de quem quer apostar tudo, sem ter outra garantia para além da certeza de saber que é portadora de uma promessa"[40].

Impressiona, igualmente, a criatividade de grupos de mulheres incansáveis no cuidado com outras mulheres, que, por vezes, criam seus filhos sozinhas, colaboram na animação da vida pastoral e das comunidades de fé. Muitas vezes, sem ter a oportunidade de um curso pastoral ou de teologia, pelas dificuldades impostas pela qualidade de vida e lugar social e de gênero, muitas mulheres aprendem do cotidiano de Maria sua presença constante e sua abertura à generosidade para com Deus, como especial educadora da fé e do discipulado.

Bucker comenta que "Maria educa pela presença solícita, ativa, atenta, estimuladora. Maria educa pela amizade, pela convivência e, portanto, pelo amor que se doa. Maria educa pela exemplaridade de vida, pelo testemunho de sua fidelidade ativa e incondicional à soberania do Pai e ao projeto evangelizador de seu Filho Jesus, pela união íntima com a Trindade"[41]. E é jus-

---

[40] CV, n. 44.

[41] AVELAR, Maria Carmen. *Maria, Educadora para a Solidariedade*. In: BUCKER, Barbara P., BOFF, Lina & AVELAR, Maria Carmen. *Maria e a Trindade. Implicações pastorais – Caminho pedagógico, Vivência da espiritualidade*. São Paulo: Paulus, 2002. p. 97.

tamente nessa solicitude de Maria que toda a Igreja deve se espelhar.

2.2. *A dimensão serviçal na Igreja*

A Igreja serviçal tem características da Igreja do povo que sofre, onde os pobres devem estar como centro dos serviços da Igreja, como missão e não como poder. Maria de Nazaré é servidora de um projeto a que ela, como mulher, adere na liberdade de filha de Deus.

A teologia lucana, quando reflete o encontro da nova e antiga tradição do resto de Israel, no encontro da anciã Isabel e da jovem Maria, grávidas de um Novo tempo, coloca como o centro alguns aspectos indispensáveis para os pilares da Igreja, em todos os tempos, seja a pressa de servir quem tem necessidade, seja a alegria e a ternura do encontro e do cuidado, seja a ação de graças pela presença amorosa de Deus, que nunca nos abandona.

Talvez, Maria não imaginasse que um gesto tão impetuoso como o de "sair apressadamente ao encontro de sua prima Isabel" (cf. Lc 1,39), certamente impulsionado pela força do Espírito, que a cobriu com sua sombra, fosse tido como modelo há séculos pela Igreja.

No entanto a coragem de Maria antecipa o protagonismo da Igreja samaritana. Responder ao chamado de Deus não era para Maria, submeter-se a uma vontade alheia, mas ela se sentia parte do projeto anunciado pelo mensageiro de Deus.

Ir ao encontro da mulher idosa, Isabel grávida de João Batista, foi tanto no sentido de partilhar a alegria de uma vida nova, por parte de Maria, por ser a Mãe de Jesus, e de Isabel, por ser a mãe de João Batista. Duas gerações que se alinhavam e se fortaleciam para colaborar com a concretização da promessa de Deus. A cena do encontro de duas mulheres, única em todo o evangelho lucano, faz repercutir a presença feminina, nas primeiras comunidades cristãs, e caracteriza-as como fortes e atuantes.

Johnson comenta sobre a inovação lucana com "o propósito de ressaltar a fé consciente e ativa de Maria, alguém que ouve a Palavra de Deus e age conforme essa palavra, até no próprio corpo"[42]. O *fiat* de Maria tem servido de inspiração para muitas pessoas ao longo de muitos séculos.

Um elemento a ser analisado para compreender a Igreja serviçal geralmente está baseado na resposta de Maria: "Faça de mim a escrava ou serva do Senhor!" (cf. Lc 1,26-55). Como em um círculo vicioso, verifica-se o entendimento indevido da expressão no original grego dos evangelhos, a palavra *doule*, traduzida como *amo* ou *senhor*[43]. Essa compreensão limita a decisão livre da mulher Maria e condiciona o papel de Deus (como o homem), que decide por ela. A narrativa bíblica confirma que é pela força e energia do Espírito de Deus que Maria recebe o mesmo Espírito que a comunidade reunida para ser profeta e sair anunciando as maravilhas de Deus, que havia guardado em seu coração.

Maria não foi escrava de Deus. Livremente ela doou sua vida em nome "da promessa de seus pais, em favor de Abrão e de

[42] JOHNSON, Elisabeth A. *Nossa verdadeira irmã, Teologia de Maria na comunhão dos santos.* São Paulo: Loyola, 2007. p. 319.

[43] BOFF, Clodovis. *Mariologia Social. O significado da Virgem Maria para a sociedade.* São Paulo: Paulus, 2006. p. 344.

sua descendência para sempre" (cf. Lc 1,55). Ela foi feliz porque acreditou. A sociedade que produz escravidão não está disposta à escuta, ao diálogo e à acolhida. Chega com autoritarismo, impõe leis que matam, favorecem armas que produzem medo, arrogância e morte. Não foi esse o projeto que Maria escolheu. Ela decidiu pelo projeto de Vida e de libertação, oferecido por Deus.

A Igreja que vai ao encontro precisa estar disposta a olhar para todas as realidades e indagar: como anunciar a face amorosa de Deus, diante do que aprendemos com Jesus e de sua Pessoa?

A Igreja "em saída" implica em desinstalar-se, em acolher propostas diferentes das estabelecidas nos rituais dos livros sagrados, pois é provocada a acolher na sacralidade do cotidiano, que, muitas vezes, se realiza nos improvisos, em que as próprias situações cotidianas impõem, seja o desemprego, a falta de moradia, a falta de um atendimento digno de serviço de saúde, a violência doméstica, o feminicídio entre outras[44].

A Eclesiologia da V Conferência de Aparecida e Caribe (2007) nos ensina o que significa a passagem de uma pastoral de manutenção para uma pastoral decididamente missionária[45].

---

[44] FRANCISCO, Papa. Entrevista para Spadaro. *In* https://www.vatican.va/content/francesco/pt/speeches/2013/september/documents/papa-francesco_20130921_intervista-spadaro.htm. "Vejo com clareza que aquilo de que a Igreja mais precisa hoje é a capacidade de curar as feridas e de aquecer o coração dos fiéis, a proximidade. Vejo a Igreja como um hospital de campanha depois de uma batalha. É inútil perguntar a um ferido grave se tem o colesterol ou o açúcar altos. Devem curar-se suas feridas. Depois podemos falar de tudo o resto. Curar as feridas, curar as feridas... E é necessário começar de baixo".

[45] DAp, n. 370.

2.3. A dimensão samaritana da Igreja

As mulheres da Bíblia são sinais do compromisso com o Projeto de Deus e com a vida. Maria, com sua visita a Isabel, é prenúncio do chamado à Igreja para ser toda ela samaritana, ou seja, uma Igreja misericordiosa, atenta às necessidades e disposta a anunciar com alegria.

Toda a Igreja é conclamada por Francisco a sair:

> Saiamos, saiamos para oferecer a todos a vida de Jesus Cristo! Repito aqui, para toda a Igreja, aquilo que muitas vezes disse aos sacerdotes e aos leigos de Buenos Aires: prefiro uma Igreja acidentada, ferida e enlameada, por ter caído pelas estradas, a uma Igreja enferma pelo fechamento e a comodidade de se agarrar às próprias seguranças. Não quero uma Igreja preocupada com ser o centro, e que acaba presa num emaranhado de obsessões e procedimentos. Se alguma coisa nos deve santamente inquietar e preocupar nossa consciência é que haja tantos irmãos nossos que vivem sem a força, a luz e a consolação da amizade com Jesus Cristo, sem uma comunidade de fé que os acolha, sem um horizonte de sentido e de vida. Mais do que o temor de falhar, espero que nos mova o medo de nos encerrarmos nas estruturas que nos dão uma falsa proteção, nas normas que nos transformam em juízes implacáveis, nos hábitos em que nos sentimos tranquilos, enquanto lá fora há uma multidão faminta e Jesus repete-nos sem cessar: "Dai-lhes vós mesmos de comer" (Mc 6,37)[46].

O conflito conhecido entre samaritanos e judeus se estabeleceu ainda quando o povo de Deus buscava concretizar a tão sonhada sociedade justa e solidária. Porém fatores humanos, como o desprezo e a prepotência, levaram a uma histórica divisão dos

---

[46] EG, n. 49.

povos antigos. Esse conflito ainda era muito presente na sociedade no tempo de Jesus, fato que Ele mesmo não aceitava e foi provocado pelas autoridades judaicas a tomar uma posição. Jesus não hesitou e, à sua comunidade, respondeu com uma conhecida parábola, a do bom samaritano (cf. Lc 10,25-37), com o objetivo de despertar a empatia e o cuidado com todas as pessoas, independentemente de sua raça, seu gênero, sua classe ou cor.

Na conjuntura atual, diante do cenário mundial, cada vez mais urbano, com diversos desafios, tais como atitudes de agudo individualismo; a redução da função social do Estado; o consumo e o consumismo; a corrupção que produz rastros de abandono e sofrimento; a legalização da morte de quem ainda nem nasceu, bem como os grupos de extermínio; o enfraquecimento das instituições e das tradições; a fragilização da família; a pluralidade; a violência; a pobreza; o desafio ambiental do mundo de nossos dias; a realidade fragilizada dos jovens; a relativização da verdade; a redescoberta dos caminhos de uma autêntica democracia[47], entre outros, olhemos para Maria, ela que é Mãe do Evangelho vivente, que vive e caminha como peregrina na fé, como um ponto de referência constante para a Igreja, que não nos deixe cair na tentação de abandonar o projeto de Deus.

2.4. A dimensão profética em Maria, Mãe da Igreja

Maria, no *Magnificat*, "como canto-profecia de libertação revela o compromisso de Deus"[48], manifesta a graça salvífica e a opção pela vida de seus filhos e suas filhas.

---

[47] CNBB Documento 109, n. 49-65.

[48] DE FIORES, S.; Stefano; MEO, Salvatore. (Orgs.). Dicionário de Mariologia Tradução: Álvaro A. Cunha, Honório Dalbosco, Isabel F. L. Ferreira. São Paulo: Paulus, 1995, p. 889-881.

Ela reconhece a grandeza de Deus e se coloca na mesma condição das pessoas necessitadas que esperavam o Messias. A jovem de Nazaré, disposta a servir com alegria e fidelidade, agora reconhece o que Deus realizou em sua vida e na vida de seu povo. Irrompe em ação de graças ao reconhecer a misericórdia de Deus, pois Ele "olhou para a humildade de sua serva" (cf. Lc 1,46-56).

O Deus de Maria olhou para os pobres e pequenos, e os convidou a sentar e a participar da festa da justiça e da libertação. O motivo da grande festa é a vinda de Jesus, o Messias esperado desde os tempos mais antigos, quando as profetizas e os profetas da Bíblia já o anunciavam.

A mulher-mãe-profeta permite ecoar, em seu corpo e em sua voz, o imenso amor de Deus por ela e por todas as gerações que o acolherem como o "sol da justiça" (cf. Ml 4,2). Como ouvinte da Palavra, ela acolhe a Palavra, e a Palavra se torna carne no ventre de Maria. "Olhando para sua disponibilidade profética, todos os membros do *laós*[49] ficam sabendo como acolher frutuosamente a Palavra. Maria foi também a primeira evangelizadora: a Palavra acolhida se torna anúncio, profecia (...)"[50].

Convocados pelo papa Francisco a fazer da Igreja Católica uma Igreja encarnada em todas as situações, a Igreja pode, diz o Papa, "compreender a beleza do convite do amor universal"[51].

---

[49] Laós: A palavra "leigo" (em grego *laïkós*, **e em latim** *laicus*) deriva da palavra grega *laós*, **que quer dizer "povo". Conferir Jean Poul Hansen.** Leigo: um conceito em evolução. In Revista Vida Pastoral, ano 59, n. 329 https://www.vidapastoral.com.br/edicao/leigo-um-conceito-em-evolucao/. Acesso em 30.1.2022.

[50] Ibidem, p. 703.

[51] FT, 278.

Tudo o que é humano nos diz respeito. Isso implica fazer um caminho universal de fraternidade, onde muitos cristãos reconhecem Maria como Mãe. Ela, como Mãe, cuida não só de Jesus, mas também do restante dos filhos dela (Ap 12,17). "Com o poder do Ressuscitado, ela quer dar à luz um mundo novo, onde todos sejamos irmãos, onde haja lugar para todos os rejeitados de nossas sociedades, onde resplandeçam a justiça e a paz", afirma o Papa[52].

2.5. A dimensão da Igreja consoladora

Maria viveu como ninguém as Bem-aventuranças de Jesus[53]. Ela, que sentiu no corpo e na alma a realização da promessa de Deus em favor de seu povo, também fazia parte do resto de Israel (cf. Sf 3), era pobre com os pobres da Galileia e, na liberdade, acolheu a ação de Deus, conforme Ele havia prometido.

O papa Francisco comenta que só se pode viver as bem-aventuranças de Jesus "se o Espírito Santo nos permear com toda a sua força e nos libertar da fraqueza do egoísmo, da preguiça, do orgulho"[54].

Permanecer na escola de Maria, inspirar-nos em seus ensinamentos, procurar acolher e guardar dentro do coração as luzes que ela, por mandato divino, envia a todos, a partir do alto[55], foi um chamado da V Conferência Episcopal de Aparecida, no ano de 2007, para toda a Igreja.

---

52 Idem.

53 GeE, n. 176.

54 Idem, n. 65.

55 DAp, n. 270.

Para permanecer na Escola de Maria, é primordial recordar o mantra de Maria: "Fazei tudo o que Ele vos disser" (cf. Jo 2,5). As preocupações e a sensibilidade da mulher e Mãe de Jesus, Maria, com a comunidade, que não faz adesão ao seguimento de Jesus, a deixa inquieta.

Ela percebe a urgência do estabelecimento do Reino de Deus, no entanto é preciso a *metanoya*, a conversão que passa da letra da Lei, no caso os fariseus e doutores da Lei, para a adesão ao Amor revelado por Jesus. Ela compreendeu bem o anúncio narrado em Lucas, que ela seria a mãe do Messias (cf. Lc 1,26-33) que viria resgatar toda a humanidade do mal e do pecado contra a vida humana.

Nesse contexto e com essa motivação que toda a Igreja é chamada à conversão diária e a aprender de Maria como ser mais familiarizado com o Evangelho de Jesus. Tendo em vista que o povo cristão aprende e se relaciona mais com Maria do que com a Palavra de Jesus.

Maria vive o Evangelho de Jesus, na adesão, no anúncio, no sofrimento e na cruz, com a comunidade "se alegra com os que se alegram e chora com os que choram" (cf. Rm 12,15), por isso a devoção mariana ocupa um espaço importante na fé da maioria dos católicos.

Uma pista bem concreta que o papa Francisco aponta é que a Palavra de Deus, especialmente nas homilias, deve ser apresentada de maneira tão contagiante que "a memória do povo fiel, como a de Maria, deve ficar transbordante das maravilhas de Deus. Seu coração, esperançado na prática alegre e possível do amor que lhe foi anunciado, sente que toda a palavra na Escritura, antes de ser exigência, é dom"[56].

[56] EG, n. 142.

Ela é consoladora dos aflitos! Ser consoladora dos aflitos é "ter a coragem de compartilhar o sofrimento alheio e deixar de fugir das situações dolorosas"[57]. Essa bem-aventurança sempre esteve no coração da jovem Maria de Nazaré.

Como mulher, vivendo em ambiente judeu, não frequentava a sinagoga, mas estava em seu coração a promessa do Deus da Aliança. Ela participou da Ceia da vida para que o casamento entre Jesus e seu povo viesse a se concretizar (cf. Jo 2,1-11).

Ela e as outras Marias[58] caminharam com Jesus, da Galileia até Jerusalém, escutando e guardando no coração (cf. Lc 2,16-21). Ela estava no momento da entrega e do sacrifício de Jesus na Cruz. Ela permaneceu com a comunidade e recebeu o Espírito de Deus para anunciar as maravilhas do Senhor.

Maria continuou sendo Mãe e companheira nas dores de cada dia de seu povo. "Para Maria os leigos podem e devem olhar como sendo ela o exemplo mais perfeito de como é possível estar junto à cruz do Filho e, por conseguinte, de como estar junto à cruz dos homens"[59]. E com os sofredores.

Ela é Mãe e caminha com a Igreja, e como Mãe da Igreja não é uma mulher cheia de poder vinculado a estruturas ou cargos, entretanto, ao configurar-se a Cristo, ela desvela, pela profunda sintonia com seu Deus, características desejadas por homens e mulheres de todos os tempos.

---

[57] GeE, n. 76.

[58] BOFF, Lina. Como tudo começou com Maria de Nazaré. Editora Letra Capital: Rio de Janeiro, 2016. p. 99.

[59] DE FIORES, S.; Stefano; MEO, Salvatore. (Orgs.). Dicionário de Mariologia Tradução: Álvaro A. Cunha, Honório Dalbosco, Isabel F. L. Ferreira. São Paulo: Paulus, 1995, p. 703.

Conforme comenta São Paulo VI, na *Mariallis Cultus*:

> longe de ser uma mulher passivamente submissa ou de uma religiosidade alienante, Maria foi, sim, uma mulher que não duvidou em confiar que Deus é vingador dos humildes e dos oprimidos e derruba de seus tronos os poderosos do mundo (cf. Lc 1,51-53); e reconhecerá em Maria, que é "a primeira entre os humildes e os pobres do Senhor" (LG 55), uma mulher forte, que conheceu de perto a pobreza e o sofrimento, a fuga e o exílio (cf. Mt 2,13-23), situações, estas, que não podem escapar à atenção de quem quiser secundar, com Espírito evangélico, as energias libertadoras do homem e da sociedade; e não lhe aparecerá Maria, ainda, como uma mãe ciosamente voltada só para o próprio Filho divino, mas sim como aquela Mulher que, com sua ação, favoreceu a fé da comunidade apostólica, em Cristo (cf. Jo 2,1-12), e cuja função materna se dilatou, vindo a assumir no Calvário dimensões universais[60].

3. Maria é pessoa geradora de vida

Em sua fidelidade, ao mesmo tempo que espera a realização da promessa, Maria é também aquela que participa da grande festa da Vida, como quem encontrou graça diante de Deus. E Deus mesmo se encanta e encontra graça em Maria (cf. Lc 1,26-38).

É na festa do Amor que Maria se faz Mãe. No amor derramado de Deus, tendo gerado o Filho na eternidade, agora o gera no ventre de Maria.

[60] MC, n. 37.

O Filho que se faz Pão e se faz Palavra. Ele mesmo reúne os seus em *ekklesía* (assembleia) para ensinar a chamar Deus de Abba (paizinho) e quer partilhar a alegria revelada pelo Pai, com sua pequena comunidade. A comunidade dos que permanecem unidos a Jesus, são como os ramos ligados à videira (cf. Jo 15,5).

A comunidade fiel e seguidora é a que permanece com Jesus, independentemente dos desafios e das dificuldades – injustiças, mentiras, comodismo, perseguição, entre outros – encontrados no Caminho. Estes serão lapidados pelas renúncias de tantas situações que o cotidiano impõe, com o objetivo de tomar a decisão perfeita da adesão ao Reino de Deus, a fim de dar os frutos que Ele espera: frutos de justiça, de paz, de solidariedade, de ternura, de cuidado, de compaixão, de amizade verdadeira e de amor fraterno.

Jesus foi educado por Maria e José. Enquanto menino ficou com a mãe até os 5 anos, tempo suficiente para a criança garantir a memória afetiva de todo o aprendizado até então. Após essa idade, o menino começa a frequentar o Templo com o pai, no caso de Jesus, foi com José. Certamente, durante sua juventude, Jesus aprendeu e dialogou com José, coisas de pai para filho, e de filho para pai.

Um relacionamento afetivo e maduro, recebido da mãe e do pai, levou Jesus a crescer em "idade, sabedoria e graça diante de Deus" (cf. Lc 2,52). Sem dúvida, o alimento que Jesus recebeu para um desenvolvimento humano não se desvinculou de modo algum e em momento algum de sua natureza divina.

É interessante que José é citado por Francisco como o pai com coragem criativa. Para o Papa, "José é o homem por meio de quem Deus cuida dos primórdios da história da redenção; é o verdadeiro "milagre", pelo qual Deus salva o Menino e sua mãe.[61]". Coragem criativa remete aos dons do Espírito Santo como *dynamis*. José é destemido, "face ao perigo de Herodes, no coração da noite, ele organiza a fuga para o Egito (cf. Mt 2,13-14)"[62].

Jesus aprende a conhecer o que o Pai tem a lhe revelar (cf. Jo 14,1-7), e quer transmitir aos que permanecerem com ele toda a alegria relevada pelo Pai (cf Jo 15,1-17): seja o amor vivido na verdade, sobretudo com os pobres, seja na transformação social para um mundo mais justo e fraterno. É em Nazaré, na Judeia, que Jesus aprende a olhar a criação de Deus como dom (cf. Mt 6,28; Lc 12,27).

Maria é apresentada em Lucas como a representante do Israel messiânico, figura da Sião fiel, portadora do novo Israel, da nova Aliança. Em Maria, o povo se torna morada de Deus, a *Shekinah*. Ela oferece seu ser mulher para participar da encarnação de Jesus, e aparece como a anunciadora do Reino, ela gera e fala do filho nascido ao povo. E continua essa entrega de si mesma no discipulado como seguidora de Jesus, ou seja, sua missão é associada à missão de Jesus.

A comunidade cristã, como filhos e filhas de Deus, necessita de alimento para que possa cumprir também sua missão, a serviço do Reino de Deus. "Na Eucaristia, Jesus se entrega como alimento para toda a humanidade. O Concílio Vaticano II justamente afirmou que o sacrifício eucarístico é 'fonte e centro de toda a vida cristã'."[63]

---

[61] Patris Corde, n. 5.

[62] Idem, n. 5.

[63] EE, n. 1

Maria é apresentada na Exortação Apóstolica *Marialis Cultus*, de São Paulo VI, como "exemplar de toda a Igreja, no exercício do culto divino, Maria é também, evidentemente, mestra de vida espiritual para cada um dos cristãos".[64]

Maria é mulher eucarística. Ela vive a dimensão sacrificial antes mesmo de ser instituída a Eucaristia, quando oferece seu corpo para a encarnação. Ela oferece, mas não se aliena, não se separa de Jesus, mas participa "ao longo de toda a sua existência ao lado de Cristo, e não apenas no Calvário, Maria vive a dimensão sacrificial da Eucaristia"[65].

Na casa, Maria é a mulher que participa e prepara as orações diárias; na comunidade é a Mãe de Jesus que "guarda tudo em seu coração" (cf. Lc 2,41-51). Na vida em comunidade, na ação de graças e no pão partilhado, ela mesma se alimenta do Amor de Jesus, o mesmo amor que habitou seu ventre e se ofereceu na Cruz a todos, sem distinção[66].

Na Eucaristia toda a Igreja é convocada a unir-se plenamente ao sacrifício de Cristo, com o mesmo Espírito de Maria. Não nos estranha que uma parcela da assembleia do povo de Deus participe da Eucaristia sem a consciência de que irão celebrar o Mistério da encarnação, Vida, paixão, morte e ressurreição de Jesus.

Um dos decretos recentes, instituído pelo papa Francisco, de 11 de fevereiro de 2018, inclui no calendário romano a memória da Bem-Aventurada Virgem Maria Mãe da Igreja. Toda a Igreja

---

[64] MC, n. 21.

[65] EE, n. 56

[66] EE, n. 56: "Receber a Eucaristia devia significar para Maria quase acolher de novo em seu ventre aquele coração que batera em uníssono com o d'ela e reviver o que tinha pessoalmente experimentado junto da Cruz".

é convocada a celebrar essa memória, na segunda-feira depois da Festa de Pentecostes, todos os anos:

> O Sumo Pontífice Francisco, considerando atentamente quanto a promoção desta devoção possa favorecer o crescimento do sentido materno da Igreja nos Pastores, nos religiosos e nos fiéis, como, também, da genuína piedade mariana, estabeleceu que esta memória da bem-aventurada Virgem Maria, Mãe da Igreja, seja inscrita no Calendário Romano na Segunda-feira depois do Pentecostes, e que seja celebrada todos os anos[67].

4. Maria na piedade popular

Para muitos, a devoção popular mariana os leva à Igreja como quem visita uma Mãe e para encontrar seus amigos. Inspirados pela espiritualidade de Maria, aprendizes da Escola de Maria, o povo de Deus sentirá um desejo enorme de conhecer a Palavra e a missão de Jesus, a fim de que cada fiel queira cristificar-se, tornar-se outro Cristo na vida e no sofrimento de cada pessoa, que necessita de vida, de justiça e liberdade.

O Diretório sobre Piedade Popular e Liturgia retoma elementos relevantes a partir das orientações do Concílio Vaticano II, no que diz respeito às práticas de piedade popular. A Igreja considera que "na piedade popular ocupam largo espaço a consideração do mistério do além, o desejo de comunhão com os

---

[67] FRANCISCO, Papa. Decreto sobre a celebração da bem-aventurada Virgem Maria, Mãe da Igreja, no Calendário Romano Geral. *In* https://www.vaticannews.va/pt/vaticano/news/2018-03/decreto-maria-mae-da-igreja-calendario-romano.html. Acesso em 1.2.2022.

habitantes do céu, com a Bem-aventurada Virgem Maria (...)"[68]. As novenas, os terços, as procissões, as romarias, todas essas expressões fazem muito sentido para as pessoas de fé na Santa e Virgem Mãe de Deus.

Apesar das expressões litúrgicas sobre a Virgem Maria estarem presentes nas Orações Eucarísticas, que são recitadas nas Missas, é bem possível que não sejam percebidas a força e a importância dessas orações, visto que a piedade popular mariana é revestida de um sentimento de adoção filial à Mãe de Deus, buscando trazê-la para tão perto das realidades temporais, como Mãe que sofre e se alegra com seus filhos e suas filhas.

Maria, Mãe de Deus e nossa Mãe, é a mulher que conduz seus filhos para o Filho, Jesus Cristo. A Igreja é chamada por Deus a realizar essa missão no mundo, como prosseguimento da prática de Jesus Cristo, que "não veio para ser servido, mas para servir e dar a vida em resgate de todos". Esse é o serviço que a Igreja deve prestar[69].

O papa Francisco, com sua linguagem acessível para comunicar as realidades simples, belas e profundas da fé e da vida, comenta sobre o estilo mariano na Igreja. Para ele: "Sempre que olhamos para Maria, voltamos a acreditar na força revolucionária da ternura e do afeto. Nela, vemos que a humildade e a ternura não são virtudes dos fracos, mas dos fortes, que não precisam maltratar os outros para se sentirem importantes"[70].

[68] Diretório piedade popular, n. 62.

[69] CNBB Documento 62, n. 44.

[70] EG, n. 288.

Podemos compreender a expressão estilo como a maneira particular de fazer algo, de uma pessoa ou de um grupo. E qual seria então o estilo mariano da Igreja? O que implica para a Igreja assumir definitivamente esse estilo?

Por meio do testemunho de Maria, descobrimos que aquela que louvava a Deus porque "derrubou os poderosos de seus tronos" e "aos ricos despediu de mãos vazia" (Lc 1,52-53) é a mesma que assegura o aconchego de um lar e nossa busca de justiça"[71].

4.1. Piedade popular como atividade missionária

Para compreender a piedade popular como uma atividade a ser realizada pelo Povo de Deus, é imprescindível confiar na força e na ação do Espírito Santo, que precede cada cristão. Ele é o primeiro missionário e que está em permanente desenvolvimento.

Souza trata "a religiosidade popular como a apropriação das crenças religiosas pelas pessoas comuns". Para ele, "é também denominada de piedade popular, fazendo alusão à forma como os empobrecidos vivem sua religiosidade, em contraste com a religiosidade e os ritos oficiais da Igreja católica. Portanto a piedade que se denomina popular é aquela proveniente das "classes excluídas do ter, do poder e do saber"[72].

A devoção ou piedade popular tem sua importante contribuição na relação de Maria, como a Mãe de Deus, ou mais comumente como a mãezinha do céu. Facilmente, percebemos

---

[71] Idem.

[72] SOUZA, Ney. Piedade Popular. In https://www.ihu.unisinos.br/596406. Aceso em: 1.3.2022.

uma grande presença de cristãos fiéis em romarias, grupos de terço, grupos de novenas e em festas, dedicadas à devoção mariana. Ela tornou-se tão importante para os católicos que, no Brasil, seu nome é Nossa Senhora, Nossa Senhora de muitos nomes. Assim Maria assume o rosto e o jeito de ser de diferentes povos e culturas. Não podemos colocá-la no mesmo nível de Jesus, pois só Ele é o Senhor. Muita gente reza para ela, pedindo, agradecendo e louvando. Maria tem um posto especial na comunhão dos Santos. Ela ocupa o lugar único, mais alto depois de Cristo e mais perto de nós[73]. Por isso podemos rezar para ela, contar com sua intercessão, pedir sua proteção e seu auxílio, entregando-nos em suas mãos. Ela é a Companheira Maria!

Entre as sete dores de Nossa Senhora se encontram: a profecia de Simeão no templo, a fuga para o Egito, os três dias que Jesus esteve perdido, o encontro com Jesus levando a Cruz, sua Morte no Calvário, a lança que atravessa o coração de Jesus e quando ele é colocado no sepulcro. Apesar de tudo, ela se manteve firme na oração e na confiança na vontade de Deus. Agora a Virgem quer nos ajudar a levar nossas cruzes diárias porque foi no calvário que Jesus Cristo nos deixou Maria como nossa mãe.

As orações do terço, alicerçadas na Sagrada Escritura, quando bem meditadas, em sintonia com o contexto de cada momento da vida de Jesus, contribuem para um aprendizado e para uma adesão mais radical a seu chamado de "Vem e segue-me!" (cf. Mt 19,21).

---

[73] LG, n. 54.

Na Festa de Nossa Senhora do Rosário (7.10.2021), o papa Francisco disse aos fiéis que "rezar a oração do terço é deixar que Maria os leve a seu Filho Jesus". Se rezar o terço em família ou em comunidade provoca essa transformação na vida de cada pessoa de fé, essa dinâmica tem sua fundamental importância na vida pessoal e para a pastoral, especialmente para o testemunho cristão, que poderá ser vivenciado nas estruturas da sociedade.

Comumente, as comunidades católicas preparam nas festas marianas uma coroação para Nossa Senhora. Se visitarmos as realidades mais pobres e periféricas de nosso país, veremos que as ofertas e as roupas serão certamente tão simples como a realidade de Maria de Nazaré e a de seu povo.

Comenta Murad que "a coroa de Maria não é aquela do luxo, da ostentação, da vaidade nem dos privilégios. No livro do Apocalipse, é dito que Jesus glorificado dará a coroa da Vida aos que perseverarem na fé. Maria não recebeu uma coroa de ouro, e sim a coroa da Vida. Ela já participa da glória de Deus, com seu Filho Jesus e outros santos, que trilharam o caminho da fé, da esperança e do amor neste mundo"[74].

Maria viveu seu caminho de santidade nas palavras e nos gestos no seguimento ao Mestre. Não lhe faltaram desafios, no entanto, sua santa ousadia a levou a viver firmemente sua fé encarnada.

Papa Francisco afirma que "Maria é aquela que estremecia de júbilo na presença de Deus, aquela que conservava tudo em seu coração e se deixou atravessar pela espada. É a mais aben-

[74] MURAD, Afonso. Uma coroação surpresa. In https://www.a12.com/academia/artigos/uma-coroacao-surpresa-1. Acesso em 1.1.2022.

çoada entre os santos, aquela que nos mostra o caminho da santidade e nos acompanha"[75].

As orações marianas, especialmente a Ave-Maria, contemplam o mistério da Anunciação e da Encarnação de Jesus. No entanto devemos maravilhar-nos ao olhar para uma mulher, jovem e leiga, que com sabedoria e coragem buscou discernimento no conhecimento das Escrituras e da história do Povo de Deus. Busquemos nas palavras do papa Francisco o sentido para a saudação *cheia de graça*:

> O que quer dizer *cheia de graça*? Que Maria é cheia da presença de Deus. E é inteiramente habitada por Deus, nela não há lugar para o pecado. (...) Maria costumava ouvir Deus e estar com Ele. A Palavra de Deus era seu segredo: perto de seu coração, depois se encarnou em seu seio. Permanecendo com Deus, dialogando com Ele em todas as circunstâncias, Maria tornou bela sua vida. O que faz a vida bela não é a aparência, não é aquilo que é passageiro, mas o coração orientado para Deus[76].

Nesse sentido o pontífice ajuda-nos a compreender como participar com Maria, por meio da atividade missionária da piedade popular, da escola de fé e de oração, que nos leva ao encontro de Jesus[77].

---

[75] GE, n. 176.

[76] FRANCISCO, Papa; POZZA, Marco. Ave Maria. São Paulo: Planeta do Brasil, Paulus, 2019. p. 24-25.

[77] FRANCISCO, Papa. ***Ângelus***. Praça de São Pedro. Vaticano, 201. Vatican La Santa Sé. *In* https://www-vatican-va.translate.goog/content/francesco/es/angelus/2013/documents/papa-francesco_angelus_20131006.html?_x_tr_sl=es&_x_tr_tl=pt&_x_tr_hl=pt-BR&_x_tr_pto=sc. Acesso em: 1.2.2022.

5. Maria e a dimensão sinodal da pastoral[78]

O que Maria nos ensina como Igreja sinodal?

"Maria, Mãe da Igreja, além de modelo e paradigma da humanidade, é artífice de comunhão" (cf. DAp, n. 268).

Essa afirmação do Documento da V Conferência Episcopal Latino-Americana e Caribenha, em 2007 (DAp), em Aparecida, remete às narrativas bíblicas que apresentam Maria de Nazaré como a colaboradora de Deus, na escuta e no serviço (cf. Lc 1,26ss).

Sua fidelidade e seu amor pela promessa e pelo Projeto de Deus são um constante aprendizado na participação do Movimento de Jesus, do qual Ela é Mãe e primeira discípula do Mestre Jesus.

Ela participa da novidade, a qual Deus quer manifestar a toda humanidade: a vinda de seu Filho muito amado, que veio para anunciar o *kairós* e para que todos tenham vida (cf. Jo 10,10). O Documento de Aparecida afirma que "sua figura de mulher livre e forte emerge do Evangelho, conscientemente orientada para o verdadeiro seguimento de Cristo" (DAp, n. 266).

A pertença e a participação de Maria na comunidade capacitam e encorajam as/os discípulas/os missionárias/os a assumirem o chamado do Mestre Jesus. Ela não desanimou de sua missão de discípula, após a perda de seu Filho Jesus. Alicerçada nos pilares da fé, da fidelidade, no serviço e na missão, ela permanece com a

[78] Artigo publicado no Boletim Informativo da Academia Marial de Aparecida nov/dez 2021. In https://www.a12.com/academia/artigos/o-que-maria-nos-ensina-com-a-igreja-sinodal. Acesso em: 1.2.202.

comunidade (cf. At 1,14). Caminhar juntos, esse é o sentido máximo da sinodalidade. Maria é, para nós, a educadora na fé, para nos assemelhar cada vez mais a Jesus (cf. DAp, n. 300b).

O tema do Sínodo dos Bispos 2023: "Por uma Igreja Sinodal: Comunhão, Participação e Missão" provoca toda a Igreja a sair de si mesma, ou seja, deixar de ser autorreferencial e ensimesmada (Bergoglio, 2013) para: anunciar Jesus Cristo, ser sinal de esperança, ser capaz de escutar e de ir ao encontro das pessoas afastadas, e acolher sem discriminar.

A Igreja é chamada a ser sempre a casa aberta do Pai, onde há lugar para todos que enfrentam fadigas em sua vida. Todos podem participar da vida eclesial e fazer parte da comunidade.

A Igreja **Comunhão** acontece na unidade com Cristo-Cabeça. Ela é o Corpo místico de Cristo, Ele a Cabeça e nós os membros. Portanto não há diferença, mas deve haver dignidade entre todos.

Na Igreja-Comunhão, vive-se o Cristo como centro de nossa fé, e não o clericalismo. É urgente concretizar essa verdade como prática de nossa fé, em nosso agir pastoral e social. Maria, nas Bodas de Caná, não se contenta e intercede pela falta de vinho: falta de alegria e de compromisso na adesão a Jesus e seu anúncio (cf. Jo 2,5-11).

O chamado à **Participação** implica em um chamamento ao envolvimento de todos os que pertencem ao Povo de Deus para se empenharem no exercício de uma escuta profunda e respeitosa uns dos outros. Essa escuta cria espaço para ouvirmos juntos o Espírito Santo e guia nossas aspirações para a Igreja do Terceiro Milênio.

A Igreja é chamada a ser sempre a casa aberta do Pai, onde há lugar para todos que enfrentam fadigas em sua vida. Todos podem participar da vida eclesial e fazer parte da comunidade.

A participação de Maria no Pentecostes (cf. At 2,1-11) é sinal de que toda a Igreja necessita do discernimento, dom e graça do Espírito Santo de Deus, que fala no silêncio do coração e na comunidade reunida.

A Igreja não existe para si mesma. Sua **Missão** primeira é anunciar o Reino de Deus revelado por Jesus – Reino de paz e de justiça. Formar e animar todo o Povo de Deus para que, fortalecidos na fé, possam atuar, cada qual, conforme sua vocação, em seu ambiente familiar, na comunidade, no trabalho, no campo, junto às pessoas vulneráveis, sofridas e tão necessitadas da justiça de Deus.

Maria é a primeira discípula missionária e servidora, Aquela que vai ao encontro (cf. Lc 1,39-56), é modelo para toda a Igreja que se dispõe no seguimento de Jesus. "Maria é a grande missionária, continuadora da missão de seu Filho e formadora de missionários" (DAp, n. 269).

A Sinodalidade prevê um processo de conversão, de abertura e participação, onde as estruturas não sufocam a presença de Deus e de seu Projeto, a comunhão, a participação e a missão de todas/os batizadas/os. Maria soube transformar uns pobres paninhos em uma montanha de ternura (cf. EG, n. 266). Ela que é "tipo" da Igreja como virgem e mãe (cf. LG, n. 63) nos ensine neste Caminho sinodal, com sua santa ousadia de buscar caminhos novos para que chegue a todos o dom da beleza que não se apaga (cf. EG, n. 288).

(Publicado no Boletim de Aparecida nov-dez/2021)

SEGUNDA PARTE

Maria no coração da Trindade

Fr. Jonas Nogueira da Costa, ofm

Introdução

O Mistério de Deus Trindade reflete sua luz amorosa em Maria de um modo singular. E das muitas formas como Maria dialoga com essa luz podemos destacar algo de uma beleza infinita: sua transparência. A transparência de Maria diante da Trindade é uma afirmação do infinito amor de Deus que atinge plenamente Maria e a consagra como um "ícone do amor trinitário". Desse modo, olhar para Maria, por meio da chave hermenêutica da transparência, é olhar para o modo como Deus ama toda a humanidade. E uma vez que Maria revela-se para nós como "ícone de amor", ela também nos fala de sua pobreza.

Uma pobreza que, enquanto bem-aventurança evangélica, também é um grito de justiça diante de situações desumanizantes. Podemos usar a ideia de Stendhal, ou Marie-Henri Beyle (1790-1848), quando, ao definir o que é um romance, diz-nos que "é um espelho que se carrega ao longo da estrada. Tanto pode refletir para os olhos o azul do céu como a imundície do lamaçal da estrada"[79]. Desse modo, Maria é esse "espelho que se carrega ao longo da estrada", pois nos mostra a grandeza de Deus, vista por alguém que é "pobre no espírito" (Mt 5,3), ou seja, por alguém que vive na total confiança em Deus, mas, ao mesmo tempo, denuncia a "imundície do lamaçal da estrada", pois remete-nos aos que foram feitos "invisíveis" por uma lógica pecaminosa de exclusão.

[79] STENDHAL. *O vermelho e o negro*. São Paulo: Abril, 2010, p. 438.

Consideramos pessoas "invisíveis" aquelas que são tratadas como se não existissem, pois não se dirige a essas pessoas um olhar que as considere de igual dignidade humana. Um relato dos grupos da Pastoral do Povo da Rua, de Betim, sensibilizou muito a equipe, quando um morador de rua disse-nos ter saudades do presídio, pois lá ele tinha um nome (que na verdade era um apelido), recebia o mesmo tratamento que os outros presidiários e partilhava de uma mesma "sociedade". Por mais desumanizante que seja o sistema penitenciário brasileiro, esse homem tinha saudades da cadeia, pois naquele lugar ele era visto.

E quantas vezes agimos assim? Chamamos um garçom apenas com um levantar de dedos, atravessamos um corredor que estava sendo limpo por alguém, sem nos importar com qualquer palavra de gentileza, desviamos o olhar dos pobres nas calçadas. Enfim, quantas vezes não fomos um "bom samaritano" em nosso dia a dia.

Nesse contexto, a transparência de Maria nos mostra o quanto ela é próxima dessas pessoas. Pois a mulher que fez a experiência singular da graça de Deus foi pobre e foi *invisível* da sociedade de seu tempo.

No *Magnificat*, é posto nos lábios de Maria que Deus "olhou para a condição humilde de sua serva" (Lc 1,48). Por "condição humilde", podemos entender alguém destituído de qualquer importância social, como a imensa maioria do povo pobre de seu tempo[80].

Assim gostaríamos de refletir sobre a transparência de Maria diante do mistério trinitário em duas perspectivas: o modo

---

[80] BOFF, Clodovis Maria. *Mariologia social.* O significado da Virgem para a sociedade. São Paulo: Paulus, 2006, p. 341.

como ela deixa transparecer a glória e a bondade de cada uma das Pessoas Divinas e nossas misérias humanas, que devem ser superadas. Daremos maior atenção à questão trinitária, que é o principal objetivo desta parte de nosso livro, mas é impossível falar de Deus, sem percebermos o quanto nos distanciamos do "calor de seus braços" com o pecado que fere nossa dignidade de filhos e filhas.

1. O Pai

Dizer que Deus é Pai implica uma gama de compreensões. Podemos tomar como ponto de partida o princípio de que Deus é Pai por ser o "Criador", a "fonte e origem de todas as coisas" e, enquanto criador, tudo governa em seu amor. Mas a expressão também nos remete a outros atributos, tais como familiaridade universal, que se expressa como benevolência e amor para com seus filhos e suas filhas.

Também pode indicar uma compreensão da divindade carregada de toda uma herança patriarcal, traduzida em nossos dias com a expressão "masculinidade tóxica", em que se compreende Deus como "o masculino essencial", fonte de todo o poder e que exerce sua vontade de acordo com a satisfação recebida de sua superioridade sobre todos. Afinal, Ele é "*o* Pai", "*o* Masculino" essencial.

Evidentemente, esse acento na masculinidade é muito mais marcante na imagem de Zeus do que do Deus de Israel. Dizemos isso, primeiramente, porque Zeus precisa de sua força viril e astúcia para destronar seu pai Cronos. Isso não faz de Zeus um "Pai essencial", mas alguém que se impõe no lugar de pai, pois só se tornou o pai dos "deuses e dos mortais" porque derrotou o próprio pai.

Além do mais, sua relação com outras deusas e outras mulheres está longe de ser uma relação de respeito que se espera de quem carrega o título de pai com tanta proeminência como Zeus, mas é descaradamente corrompida por diferentes formas de violência, como o estupro (Dânae), a violência emocional (Hera), a indiferença à filha raptada (Perséfone).

Diante dos mortais, Zeus não distribui sinais particulares de paternidade que demonstrem sua benevolência, mas que os incitem a render-lhe tributos e homenagens. Logo, tal divindade não provoca nenhum sentimento de fraternidade entre os mortais, ditos seus filhos, pois sua postura é de distanciamento[81].

O Deus de Israel, e revelado em Jesus no Espírito Santo, em nada se parece com Zeus. Mesmo que sua compreensão esteja envolta em uma cultura patriarcal, os signos de uma masculinidade tipo Zeus e a forma de relacionamento do deus grego não fazem parte da Revelação do Pai à humanidade. Tanto que, ao criar, também escolhe Israel como seu filho primogênito (Ex 4,22) e lhe demonstra paternal misericórdia, proteção e refúgio.

Nessa sua relação com Israel, em sua demonstração de amor paterno (e materno, é claro), Deus é apresentado como o "Deus de nossos pais" (2Cr 20,6), ou "O Deus de Abraão, de Isaac e de Jacó" (Ex 3,6; 1Rs 18,36). Contudo não podemos nos esquecer

[81] PENNA, Romano. La paternità in Dio nel Nuovo Testamento. Natura e condizionamenti culturali. In: RASSEGNA DI TEOLOGIA: gennaio – febbraio / 1999 - anno XL, p. 14.

de que Ele é também o "Deus de nossas mães", o "Deus de Sara e Agar, de Rebeca e de Raquel e Lia".

1.1. O "Deus de nossas mães"

Israel guarda consigo a venerável memória de três grandes pais: Abraão, Isaac e Jacó, que são considerados a tríade que originou todo um povo revestido de dignidade real, sacerdotal e santa (Ex 19,6). Dentre esses homens, Abraão é considerado o modelo de pai no Antigo Testamento, pois mediante sua fé, Deus prometeu-lhe uma numerosa descendência (Gn 17,2-14). Logo, encabeça a lista dos grandes patriarcas não apenas por ser o primeiro, mas por sua importância enquanto "pai de uma multidão de nações" (Gn 17,4) que guardam a aliança com o Senhor mediante a fidelidade e o sinal desta fidelidade, que é a circuncisão para todo o varão.

Qual seria o lugar das "mães de Israel" nessa aliança com Deus? Não há descendência sem a efetiva colaboração das mulheres. Assim nos perguntamos também o que podemos compreender sobre Deus a partir das mães do Antigo Testamento. Essa questão, evidentemente, não considera que exista um Deus diferente para homens e para mulheres, mas que existam percepções diferentes do mesmo Deus. Percepções que não são antagônicas, mas que redimensionam a leitura de determinados textos bíblicos, do passado e de nossos dias. Sendo assim, lançaremos um olhar sobre as mulheres que, no Antigo Testamento, se colocam a serviço da Aliança mediante o dom da maternidade, sobretudo, quando dão à luz importantes homens que se destacam na história da salvação.

É importante dizer que, infelizmente, o papel da mulher parece resumido à função procriadora, e preferencialmente a procriação de filhos homens. Contudo é muito importante um olhar apurado sobre a história dessas matriarcas do povo de Deus, e perceber que, dentro das limitações histórico-patriarcais em que se encontravam, tiveram notável protagonismo.

Dessas matriarcas destaca-se, por causa da tríade de patriarcas, os nomes de Sara, Rebeca, Raquel e Lia. Contudo, a lista das santas mulheres de Israel engloba todas as mulheres que expressaram a força do Deus que vence toda forma de esterilidade e todos os diferentes tipos de violência.

A esterilidade era entendida como uma maldição que recaía exclusivamente sobre a mulher. Era como se a mulher fosse feita incapaz de cumprir o mandamento divino do mandato: "Sede fecundos e multiplicai-vos" (Gn 1,26).

Naquele contexto a compreensão biológica que se tinha sequer levantava a possibilidade de ser o homem o responsável pela incapacidade de gravidar de uma mulher. Desse modo, tamanho era o estigma negativo que pousava exclusivamente sobre a mulher que não tinha filhos que seu ventre era comparado a um sepulcro. Assim, entendendo toda a dor das mulheres que não tinham filhos é que nos aproximamos de Ana, mãe de Samuel.

Ana era esposa de Elcana, que também tinha por esposa Fenena, que, por sua vez, tinha dois filhos com Elcana. O primeiro livro de Samuel nos diz que a esterilidade de Ana era uma ação de Deus (1Sm 1,5-6); fala das humilhações que Fenena infligia a Ana por não ser mãe (1Sm 1,6); e o estado de espírito em que

Ana se encontrava, ou seja, "cheia de amargura e em profusão de lágrimas" (1Sm 1,10). Logo, Ana é uma clara imagem da mulher estéril em seu sofrimento, mas que, fazendo a Deus um voto (1Sm 1,11), se abriu para que o Senhor se lembrasse dela (1Sm 1,19) e ela concebesse um menino, Samuel (1Sm 1,20).

Na vida de Ana e de outras mulheres do Antigo Testamento (e também Isabel, em Lucas), sair da situação humilhante de esterilidade é uma "ação de libertação" do Deus de Israel. Cientes de todo o contexto patriarcal em que a esterilidade é entendida como algo proveniente de Deus e que gera um grave estigma social contra as mulheres, a passagem da esterilidade para a maternidade é vista como uma ação divina, é uma experiência de "êxodo" para as mulheres que saem de uma situação de escravidão/opressão e adquirem nova cidadania, adquirem liberdade. Vida e liberdade são elementos que se apresentam como o oposto da esterilidade. Esses elementos nos falam sobre algo da identidade do Deus de Israel, pois, mesmo que a esterilidade seja por Ele provocada ou consentida (uma interpretação hoje inaceitável), seu traço mais evidente é que Ele é o Senhor da vida, que realiza "êxodos" de libertação na vida de cada ser humano.

Mas devemos ser bem realistas. As narrativas que parcamente trazemos à luz nos falam de mulheres que tiveram a graça da maternidade depois de superada a esterilidade. Atrás do nome dessas mulheres, estão os nomes de muitas que durante toda a sua vida estiveram sob o estigma social e psicológico na esterilidade. Essas mulheres foram vítimas de uma violência social. Não queremos cometer nenhum anacronismo histórico nessa afirmação, uma vez que estamos cientes da precariedade da compreensão do homem no processo de procriação e toda a sociedade patriarcal que envolve a questão. Mas nada pode nos fazer deixar de falar da experiência de violência e dor que cada mulher estéril (ou considerada estéril) viveu.

Violência que aparece contra a mulher também de outras formas. Por exemplo, com Agar que era escrava egípcia de Sarai e fora a dada a seu esposo, Abrão, como outra esposa. Faltam-nos aqui elementos históricos para discutir essa relação, que para nossos olhos não deixa de ser suspeita, pois pensar em Agar como esposa e escrava de uma outra esposa de Abraão é, no mínimo, complicado. Agar, grávida no lugar da "esposa titular", é acusada por Sara de orgulho e desprezo. Sarai vai até Abrão e recebe essa terrível resposta: "Olha, a escrava está em tua mão, faz-lhe como bem te parecer" (Gn 16,6). Agar foge, segundo o texto sagrado, mediante as humilhações de Sarai. Aqui duas coisas nos inquietam: o que teria feito Sarai contra uma mulher grávida para essa temer tanto, a ponto de querer fugir para o deserto? E qual o terror que sentiu o coração de Agar quando viu que tudo foi feito com a total insensibilidade de Abrão?

Essa insensibilidade de Abrão está muito próxima daquilo que hoje denominamos como uma "masculinidade tóxica", em que homens por poder e força física se apropriam do corpo e da vida de mulheres, priorizando seu lugar na *cadeia alimentar*, confirmando seu prestígio masculino. Mas em Deus não há nenhum traço de violência, e mesmo reconhecendo o horror nos olhos de Agar, de tendo ela de voltar para o domínio de Sarai e se humilhar sob suas mãos (Gn 16,9), seu filho, Ismael, é um sinal de bênção divina, como o anjo do Senhor lhe anunciara (Gn 16,7-12).

Outra mulher que, em nome de muitas mulheres, não pode ficar esquecida é Betsabeia. Essa mulher foi trazida para o leito de Davi que orquestrou a morte de seu marido Urias. Betsabeia foi reduzida a uma frase: "Estou grávida" (2Sm 11,5), às lágrimas pela morte de Urias (2Sm 11,26), à doença e morte de seu primeiro filho com Davi (2Sm 12,15-18) e que foi "consolada" por Davi, que se deitou com ela e geraram Salomão (2Sm 12,24). Sabemos que Davi reconhece sua culpa e faz penitência, mas assim como não se pode esquecer do horror nos olhos de Agar, também não podemos esquecer dos olhos de Betsabeia.

Assim quem é o "Deus de nossas mães"? Ou qual a compreensão de Deus que podemos extrair das narrações sobre as mulheres do Antigo Testamento? Não cremos em um "Deus de nossos pais" em detrimento de "nossas mães"; um Deus que diga como Abrão: "Olhem, as mulheres estão em suas mãos [homens], façam-lhes como bem parecer". É inadmissível qualquer compreensão de Deus que seja proveniente dessa perversão. Mas como pensar Deus a partir do silenciado sofrimento de inúmeras mulheres do Antigo Testamento (e, evidentemente, dos dias de hoje)?

Acreditamos que a primeira aproximação a essa reposta passe pelo autoesvaziamento de Deus na criação. A criação é um ato kenótico, pois Deus se autorretrai para que a criação exista[82]. E a criação se dá na alteridade dos "criados", ou seja, homem, mulher, animais, plantas etc. Assim, podemos dizer que

[82] XAVIER, Donizete José; SILVA, Maria Freire da. A Kênosis do Espírito Santo e a criação em Sergei Bulgakov. In: PESPECTIVA TEOLÓGICA. *Pneumatologia.* Belo Horizonte: v. 52, n. 2, p. 257-540, Mai./Ago. 2020, p. 405 e 407.

Deus, em um transbordamento de amor, dá espaço para que o "outro", a criatura, exista. Deus é aquele que está diante da alteridade da criação, e nesse olhar divino lançado a sua criação "viu que tudo era bom". Não viu o homem melhor que a mulher.

O autoesvaziamento de Deus é algo contínuo na história porque é o "êxtase de Deus". Deus sai de si mesmo em direção a Moisés, ao povo escravizado no Egito. E se apresenta como Aquele que viu a humilhação de seu povo e conhece seu sofrimento, e desce para dar libertação (Ex 3,7-8). Deus é aquele que vê a vítima, conhece suas dores mais profundas e se movimenta em favor de libertação. Assim o Deus que fez não apenas os homens atravessarem o Mar Vermelho, mas mulheres e homens, é o mesmo que esteve, está e estará sempre presente em cada ato de libertação. Em Deus está todo o princípio de libertação.

O "Deus de nossas mães" é um Deus que se coloca amoramente diante da alteridade e que é a origem de toda ação de libertação. E é nesse prisma de compreensão de Deus que entendemos a ação das "mães de Israel". O louvor que essas mulheres recebem passa por sua maternidade, mas não as transforma em pessoas cuja vida se limita a ação reprodutora. Elas assumiram, na alteridade feminina de suas existências, um protagonismo na história da salvação. Não se acomodaram em situações de morte e violência, mas, como Ester, diante de todos os palácios erguidos à injustiça e opressão, corajosamente, dizem: "Concede-me a vida, pela qual suplico e a vida de meu povo" (Est 7,3).

Olhando a história dessas mães de Israel, não apenas o recorte de sua fertilidade enquanto ato procriativo, nós nos deparamos com a notável virtude dessas mulheres. Virtudes essas que se tornam paradigmáticas para todo o povo de Deus, e se refletem em Maria. Ela é o ápice da história das mulheres do Antigo Testamento, que se convertem em prefigurações marianas.

Se as "mães de Israel" são prefigurações de Maria e, de fato, a tradição teológica do cristianismo assim as recebeu, devemos dizer que em Maria encontramos um sinal claro de um Deus que respeita a alteridade do ser humano e é para toda pessoa princípio de libertação.

Deus se mostra em toda a narrativa neotestamentária respeitável diante da alteridade de Maria e princípio de libertação. Assim podemos eleger alguns textos bíblicos como ícones dessa atitude divina para com a Mãe do Senhor, como a Anunciação e o *Magnificat*, ambos do Evangelho de Lucas.

Na *Anunciação*, temos um texto que tanto nos fala do anúncio do nascimento do Senhor quanto do relato de um chamado particular, ou seja, fala-se do nascimento do Messias e da escolha de Maria para o serviço materno no projeto de Deus.

O anjo não faz uma pergunta explícita a Maria, do tipo: *E aí, você topa?* Mas fala do querer divino de a todos salvar por meio de seu Messias que nasceria daquela jovenzinha. Mais que diante de uma pergunta, a Virgem está diante de um projeto salvífico e percebe-se participante, envolvida. E, diante desse projeto, ela diz: "Eis aqui", "Faça-se" (Lc 1,38). Ou seja, é acolhida em sua alteridade, tem liberdade diante de Deus e é tratada com toda a deferência e dignidade de um ser humano livre.

Mas também estamos diante da livre iniciativa de Deus de nos libertar por meio de seu Ungido. Essa livre iniciativa se demonstra porque Deus quer nos salvar mediante seu amor e não por qualquer mérito da humanidade, nem de Maria. Tanto que o

> relato lucano da anunciação (Lc 1,26-38) não dá nenhuma explicação para a base lógica da eleição divina de Maria além do fato de Deus ser bondoso. A graça a ela concedida (Lc 1,28) não é uma coisa, mas uma descrição da qualidade de sua relação com Deus que Ele iniciou[83].

No *Magnificat* também encontramos esse modo de ser de Deus com relação a Maria.

Primeiramente, por causa do sujeito que canta o *Magnificat*. Sabemos que o *Canto de Maria* é uma releitura de cantos de libertação do Antigo Testamento, assumidos em chave messiânica pela comunidade de fé, da qual Lucas participava, e posta nos lábios de Maria. Há um sujeito, que não despreza o judaísmo, mas se entende em uma nova esfera religiosa em sua fé no Cristo Jesus. O sujeito está em plena compreensão de sua alteridade diante da tradição judaica e entende Maria como a figura que melhor expressa essa alteridade, por isso pode ela cantar, em nome de toda a comunidade, as maravilhas que o Senhor realizou. Se no *Magnificat* Maria é um "sujeito coletivo" – e isso em nada diminui sua personalidade, sua singularidade – ela também é "sujeito individual", pois é nela que se opera a maravilha da encarnação e ela, somente ela, experimenta esse

[83] PERRY, Tim; KENDALL, Daniel. *A Santíssima Virgem*. São Paulo: Loyola, 2015, p. 19.

mistério de forma tão íntima. Assim o *Magnificat* é o canto de louvor de uma comunidade e de um ser humano em sua alteridade diante de Deus.

Assim o "Deus de nossas mães", em um ato de puro amor gratuito, elege Maria como sinal da humanidade livre, dialogante e participante da renovação de todas as coisas segundo a lógica do Reino de Deus.

1.2. O Pai de Jesus Cristo

O ápice da Revelação de Deus como Pai nos é dado em Jesus. É Jesus quem nos revela o mistério insondável de Deus como Pai, pois Deus é, por excelência, "Pai do nosso Senhor Jesus Cristo" (Rm 15,6).

A singular consciência de Jesus enquanto "filho" é algo percebido nos textos do Novo Testamento, mesmo antes da ressurreição. Jesus sempre se dirige a Deus como seu Pai e estabelece com Ele relações de intimidade, de total confiança e entrega.

Essa compreensão da relação íntima entre o Pai e o Filho, expressa na vida de Jesus, é tão visceral que podemos dizer que "mesmo que não houvesse criação, ele (Deus) seria Pai, porque desde sempre está gerando e entrando em comunhão com o Filho"[84].

Isso nos coloca diante de um oceano de amor insondável, pois mergulhar no mistério da paternidade do Pai diante do Filho, no seio da Trindade, é algo reservado somente para os Três Divinos em sua unidade. Contudo o Pai nos quer participantes

---

[84] BINGEMER, Maria Clara; FELLER, Vitor Galdino. *Deus Trindade: a vida no coração do mundo.* São Paulo: Paulinas / Valência: Siquem, 2003, p. 119.

desse amor e, porque Ele nos inclui, é que conseguimos dizer, ou balbuciar, algo desse amor. Em nossa dificuldade de dizer algo sobre o mistério mais íntimo de Deus, em nosso balbucio, cabe-nos recorrer às imagens mais humanas e mais puras que conservamos. Por isso vamos recorrer a uma dessas imagens.

Uma das mais encantadoras imagens que a humanidade conserva é a ternura que envolve o momento em que, pela primeira vez, uma mãe ou um pai escuta algo muito próximo de "mamãe/papai" de seu filho. Estamos diante de uma ternura que fica estampada no coração para sempre por causa do brilho dos olhos da criança ao balbuciar "mamãe/papai". E encontrar nas Escrituras Jesus se referindo ao Pai como *Abbá*, algo de sua intimidade quando se volta ao Pai como "*papai*", faz-nos pensar no brilho dos olhos de Jesus nesse momento e somos arrebatados ao seio de Deus Pai, em sua intimidade com Jesus. Logo nos deparamos com o mistério da geração divina. O que significa, então, dizer que Jesus é o Filho gerado pelo Pai na eternidade?

Os conceitos biológicos de geração em nada nos ajudam a pensar sobre o que se deu no seio de Deus no mistério trinitário, pois o termo "geração" usado nesse contexto é uma linguagem aparentemente genética para falar sobre algo da relação trinitária. Por "geração divina", entendemos que o Filho é nascido (proveniente) de Deus, é Deus mesmo, por isso "consubstancial" ao Pai. Ele não é uma criatura feita por Deus Pai, como acreditava Ário, mas nascido do Pai desde toda a eternidade, tendo uma ligação ontológica com Ele, uma ligação de natureza. Isso vai além de uma mera adoção, obediência ou eleição. Sendo o Filho gerado pelo Pai, Ele é Deus como o Pai.

A questão da divindade do Filho foi algo assumido pelo Concílio de Niceia, em 325, que definiu o Filho como "Deus de Deus, luz da luz, Deus verdadeiro de Deus verdadeiro, nascido, não feito, de uma só substância como o Pai; [...]" (DH 125).

E Deus, em sua infinita bondade, quis que o Filho se fizesse homem nascendo de Maria. Então o que era uma geração dada na eternidade, pela encarnação, ela acontece também no tempo, ou seja, há uma dupla geração do Filho: na eternidade e no tempo. Assim a maternidade de Maria é uma participação na paternidade eterna de Deus Pai pelo Espírito Santo, tornando-a "Mãe do Verbo encarnado"[85]. Essa importantíssima compreensão da maternidade de Maria nos remeterá, sobretudo, ao Concílio de Éfeso, o que veremos na segunda parte de nossa discussão.

1.3. Desconstruções idolátricas a partir de Maria

A imagem de Deus Pai como um patriarca idoso, latifundiário, mandão, que decide sozinho sobre o bem e o mal de seus súditos e empregados, sempre muito severo, por isso, durão e vingativo, assemelha-se muito mais com a imagem de um "senhor de escravos", do tempo da escravidão no Brasil, do que com o Pai revelado por Jesus Cristo. Infelizmente e por mais estranho que seja, essa imagem ainda povoa o imaginário popular produzindo "ruídos" teológicos que desembocam em apologias homofóbicas, ao feminicídio, à necessidade de punição física

---

[85] LAURENTIN, René. *Breve trattato sulla Vergine Maria.* Cinisello Balsamo: Edizioni San Paolo, 2016, p. 185-186. PIACENTINI, Ernesto. I punti focali del pensiero mariologico del P. Leone Veuthey. In: VEUTHEY, Leone. *Dottrina mariologica.* Maria Immacolata Madre in prospettiva francescana. Roma: Editrice Miscelanea Francescana, 2003, p. XXI.

como pedagogia divina, ao inferno de portas escancaradas, e outras aberrações. Essa imagem é um ídolo, que seduz mentes perversas, exige culto e sacrifícios de vidas humanas; mas em nada, em absolutamente nada, é o Deus revelado por Jesus Cristo.

Dos "ruídos" dessa compreensão idolátrica algo alcança o discurso sobre a Virgem Maria. A Mãe do Senhor não pode ser pensada como a "filha predileta" de um Deus "senhor de escravos", como uma *sinhazinha*.

Maria é a "filha predileta" de Deus Pai mediante um mistério de singularidade: sua maternidade divina. É à luz da iniciativa divina que elegeu Maria como a Mãe do Senhor, que entendemos o caráter de "predileção" em relação ao Pai. O ponto de partida mariológico é sempre ancorado na livre inciativa de Deus ao escolher Maria como Mãe do Verbo encarnado e que, a partir desse argumento fontal, nos voltamos para sua imaculada conceição e para todas as demais prerrogativas de Maria. Isso posto, a ideia de predileção não tem nada de colonialismo ibérico, nada serve para falarmos da singularidade/predileção de Maria.

Qualquer traço de colonialismo ibérico/escravagista na compreensão da singularidade/predileção de Maria implica a desconsideração para com outras mulheres. Isso porque a "sinhazinha" deve ser reservada para um bom casamento com um homem branco e de condições econômicas iguais ou superiores a seu pai, enquanto que a esposa do patriarca colonial pode sofrer com todas as formas de traição, enquanto outras mulheres, escravas ou não, podem servir à cama e à mesa, desse patriarca.

Se lançarmos nosso olhar à Virgem de Nazaré, segundo as Escrituras, teremos ojeriza a qualquer ídolo disfarçado de Deus Pai. Ela é a eleita do Pai para ser a "Bendita entre as mulheres". Tal expressão dirigida a Maria por Isabel (Lc 1,42) vai nos remeter a Jael (Jz 5,24-31) e Judite (Jd 12-13), que são louvadas como heroínas por se colocarem a serviço da libertação do povo de Deus. Maria alcança o ápice dessa bendição, pois seu serviço materno nos trouxe "O Libertador" por excelência.

Assim o mistério de "predileção/singularidade" de Maria não comporta qualquer forma de idolatria, muito pelo contrário, está implicado em relação de amor e liberdade.

2. O Filho

Certamente, o dado mais evidente sobre a relação de Maria com Jesus é sua maternidade. Mateus e Lucas nos falam que, de um modo extraordinário, Maria concebeu o Filho de Deus pelo poder do Espírito Santo.

Essa concepção pneumatológica nos revela que a maternidade de Maria é uma maternidade messiânica, pois "Quando se completou o tempo previsto, Deus enviou seu Filho, nascido de mulher" (Gl 4,4), ou seja, Jesus é o enviado de Deus Pai no poder do Espírito Santo. Sendo que sua encarnação em nossa história se deu por meio da adesão plena de uma jovenzinha, que se abriu inteiramente ao mistério de Deus.

Desse modo, mesmo cientes de que Maria não é o centro de nossa fé, não duvidamos que ela faz parte do núcleo mais notável de definições que nos ajudam a compreender os desígnios de Deus mediante o mistério da encarnação. Não teria como ser diferente, pois ela é a mãe, é a testemunha mais qualificada de que o Messias veio a este mundo como um ser humano. Assim a expressão "Maria: chave do mistério cristão", que é usada como título de uma das magistrais obras de R. Laurentin, é fundamental nessa discussão.

R. Laurentin, ao desdobrar as muitas implicações que essa expressão comporta, diz-nos que a primeira relação estabelecida entre Jesus e a humanidade é uma relação materna, alcançando, assim, o cume da criação, pois Deus, que, quando "andava pelo jardim à brisa da tarde" (Gn 3,8), se surpreendeu com o constrangimento do ser humano por sua nudez, agora contempla, na pessoa de Maria de Nazaré, a humanidade integrada, plenamente aberta à sua comunicação salvífica[86].

Pela livre e bondosa iniciativa de Deus, Maria é eleita como aquela que "abre a porta", como uma chave, para todo o mistério cristão.

Tendo em mãos essa *preciosa chave*, queremos adentrar, primeiramente, nos textos bíblicos que nos falam dessa maternidade messiânica, para em seguida perceber como os dogmas cristológico-marianos o desenvolvem e, por fim, alertar sobre os perigos de reduzir um tema tão visceral para a fé cristã em uma rasa "ginecologia da salvação" com suas implicações eclesiais.

---

[86] LAURENTIN, René. *Maria chiave del mistero cristiano.* La più vicina agli uomini perché la più vicina a Dio. Cinisello Balsamo: Edizioni San Paolo, 1996, p. 9.

2.1. A Mãe messiânica do Senhor

Por mais que se fale da "escassez" de citações sobre Maria no Novo Testamento não se pode negar sua posição singular no mistério da encarnação do Verbo. Colocamos a palavra "escassez" entre aspas para não cairmos na armadilha de achar que pouco equivale a insuficiente. Do que pode ser considerado pouco, a Tradição cristã tem diante de si um dado nuclear: Maria é a mãe do Senhor.

Essa verdade bíblica vai se avolumando em um crescendo de informações, sempre relacionando Maria com Jesus. Desse modo, tomamos a primeira expressão sobre Maria do Novo Testamento, que é tirada de Gl 4,4[87], em que Paulo refere-se a Jesus como *nascido de mulher*. Sequer o nome de Maria aparece, mas temos diante dos olhos um dado que comporta um grande realismo referente à humanidade de Jesus. Nessa sobriedade mariológica, é-nos dado algo que pode ser assumido como uma "mariologia em germe", pois conserva a clareza do dado da maternidade de Maria relacionada à missão messiânica de Jesus.

No Evangelho de Marcos, Maria tem apenas um nome, mas falta-lhe um perfil definido. Ela está mergulhada em seu contexto familiar, vivendo, inclusive, as mesmas dificuldades de compreender o ministério messiânico de Jesus. Portanto temos uma "fase oculta" de Maria, porque está encoberta, mergulhada em seu contexto familiar sem nenhuma expressão de destaque; ou, ainda, podemos falar de "mariologia na estaca zero", pois a au-

[87] A carta aos Gálatas provavelmente foi escrita no ano 57/58.

sência de um perfil definido não nos permite nenhum voo mais alto na compreensão de seu mistério materno[88].

Em Mateus e Lucas, a imagem de Maria é mais nítida, sobretudo com a importante reflexão oriunda dos *Evangelhos da Infância*, que ambos os evangelistas nos agraciam, inserindo Maria na reflexão cristológico-soteriológica. Logo, seus escritos caracterizam uma "fase positiva" da compreensão do mistério de Deus que envolve a Virgem de Nazaré.

Para Mateus, Maria é a esposa virginal de José, que concebe o Messias sob a ação do Espírito Santo. Notável relevo é dado a José, que sendo descendente de Davi, garante a Jesus sua linhagem messiânico-davídica, fazendo dele o herdeiro das promessas. Lucas, por sua vez, confere à mãe do Senhor uma posição mais elevada, pois é ela quem recebe a visita do anjo, dá seu consentimento ao projeto de Deus e é apresentada como o apogeu da lista das mulheres libertadoras de Israel[89].

Nessa "fase positiva" da compreensão bíblica de Maria de Nazaré também temos o texto de At 1,14 em que encontramos Maria em oração junto da comunidade dos seguidores de Jesus. Essa imagem nos leva a contemplar Maria como "Ícone da Igreja em oração" que incessantemente pede o dom do Espírito Santo.

Com o Evangelho de João, alcançamos uma *alta mariologia*, ou uma *mariologia simbólica*, pois Maria é apresentada como Mãe do Senhor, mas, ao mesmo tempo, ela é "a mulher".

---

[88] GRZYWACZ, José. *Bem-aventurada*. Estudo popular sobre Maria, a Mãe de Jesus. São Paulo: Paulus, 2018, p. 62-63.

[89] PERRY-KENDALL, A Santíssima Virgem, p. 18.

Jesus chama Maria de "Mulher" nas Bodas de Caná (Jo 2,4) e na *hora* de sua paixão (Jo 19,26). Tal forma de referir-se a sua mãe nada tem de depreciativo, muito pelo contrário, é uma espécie de gentil cortesia diplomática, reconhecendo nela a imagem do povo messiânico, a figura da mulher/esposa que tendo sofrido o exílio experimenta ser novamente amada por seu Deus/Esposo, logo, "Mulher" é uma figura simbólica da "Filha de Sião"[90].

A excelsa "Filha de Sião", personificada em Maria, é uma expressão do Antigo Testamento que se refere ao Povo eleito, mas especificamente ao resto de Israel (Sf 3,14-16; Mq 4,7), que é convidado à alegria messiânica, pois Deus veio morar em seu meio (Zc 2,14; 9,9)[91].

Assim Maria, enquanto imagem do povo eleito, é também imagem da comunidade cristã. Cientes de que o quarto Evangelho deve ser lido em diferentes níveis, tanto no que concerne à narrativa da história de Jesus quanto da comunidade que nele crê[92]. Maria é elevada a um posto de alto significado simbólico, o que justifica a designação de encontrarmos nesse evangelho uma *mariologia simbólica* ou *alta mariologia*.

Esse olhar panorâmico sobre Maria, no Novo Testamento, tem como objetivo confirmar a intuição de R. Laurentin: Maria é verdadeiramente a *chave do mistério cristão*. E tal expressão

---

90 TESTA, Emmanuele. *Maria terra vergine*. I rapporti della Madre di Dio con la SS. Trinità (Sec. I-IX). Jerusalem: Franciscan Printing Press, 1985, Vol. I, p. 25-26. BONARRIGO, Luigi. *Maria Sposa dello Spirito Santo nella teologia contemporanea*. Lugano: Edizioni Cantagalii s.r.l., 2018, p. 58.

91 AZEVEDO, Manuel Quitério de. *O culto a Maria no Brasil*. História e teologia. Aparecida: Editora Santuário / Academia Marial, 2001, p. 102.

92 BROWN, Raymond E. *A comunidade do discípulo amado*. São Paulo: Paulus, 1999, p. 15.

mostra toda a sua força e clareza, do "chão bíblico" de onde brota, da mais preciosa compreensão sobre a Mãe do Senhor. A partir desse chão queremos caminhar um pouco a mais, interrogando-nos mais sobre a maternidade virginal de Maria e as conclusões cristológicas da Igreja antiga.

2.2. A maternidade virginal de Maria como dado de compreensão do mistério cristológico

Sempre quando falamos de maternidade e virgindade em Maria, seria interessante se relacionássemos uma com a outra, de modo que tratássemos de uma *maternidade virginal* e de uma *virgindade materna*. Isso nos ajudaria a estarmos atentos a toda e qualquer instrumentalização minimalista desses eixos norteadores fundamentais sobre a Mãe do Senhor.

Quando nossa reflexão mariológica parte de uma maternidade virginal, acolhemos toda a Tradição do Novo Testamento em que nos é afirmado que Maria concebeu Jesus sem a participação de varão. Mas também damos um passo a mais em direção do inesgotável mistério que envolve Maria. Percebemos que a perspectiva virginal vai muito além de uma questão fisiológica, mas aponta para um modo de ser diante de Deus e de todas as coisas, um modo de ser em que Deus é radicalmente o absoluto, não existindo na vida virginal qualquer idolatria. Ter Deus como o absoluto na contingência de nossa vida não é um mérito que possuímos, mas um dom do Espírito Santo, porque Ele é quem, em sua ação santificante, tudo conduz ao coração do Pai. Assim, a virgindade, mais do que uma vida que nunca teve relação sexual, é um dom do Espírito Santo em que a pessoa, tocada pelo Paráclito, deixa os trapos grosseiros da idolatria e é vestida de alva túnica dos chamados à santidade. No caso específico de Maria, ela nunca esteve vestida desses trapos, por isso é símbolo do ser humano integrado, não fraturado pelo pecado.

Em hipótese alguma, no que apresentamos sobre a virgindade, estamos relacionando sexo, sexualidade e afetividade como atitudes idolátricas. É a perversão dessas realidades criadas e queridas por Deus que se constituem em atos idolátricos.

Pressuposto o que tratamos até aqui, a maternidade virginal de Maria, entendida também como uma maternidade pneumatológica, é uma participação na força criativa e na fecundidade do Espírito Santo, que alcança na encarnação do Verbo sua expressão mais eminente enquanto poder de vida.

E é justamente nesse ponto, em que a maternidade virginal de Maria é compreendida sob o "poder do Altíssimo" (Lc 1,35), que nos perguntamos sob o modo como a Igreja foi mergulhada nesse mistério cristológico, quando se debruçou sobre o dogma da maternidade divina de Maria e de sua virgindade perpétua. Como já é sabido por todos, tais dogmas, ao explicitarem o mistério que envolve a Mãe do Senhor, muito mais apontam para o próprio Senhor, o "bendito fruto" do ventre de Maria, do que àquela que se entente como *serva*. Vejamos os dois referidos dogmas mariano-cristológicos.

A maternidade virginal de Maria

Um dogma não nasce por capricho do magistério da Igreja nem como uma resposta imediata a uma heresia que ameaça a ortodoxia da fé. Ele é uma elaboração fundada na Revelação que, em contextos de heresias ou de necessidade da Igreja, essa se vê no dever de esclarecer seu parecer doutrinal. Por isso se diz que a Igreja não cria dogmas, mas os define, uma vez que ela, quando medita as Escrituras e a experiência de fé do Povo de Deus, em seu *sensus fidei*, é capaz de interpretar a Palavra de Deus com novas linguagens culturais e em função de questões novas[93].

Um claro exemplo desse processo é o dogma que confessa Maria como *Theotókos* (Genitora de Deus), afirmação essa que nasce do debate cristológico e leva-nos ao conflituoso Concílio de Éfeso, no ano de 431. Sua exemplaridade dá-se porque, antes mesmo que Nestório refutasse o título mariano de *Theotókos* e que diante do referido título se tornasse necessário um parecer mais claro quanto sua ortodoxia, temos, em contrapartida, os fiéis da região do Egito, que já invocavam Maria como *Theotókos* por volta do final do século III. Isso pode ser visto de forma muito objetiva na oração *Sub tuum praesidium*, que traz por data e local de origem esse mesmo ambiente teológico em questão.

Também o referido título mariano não era uma novidade para a literatura teológica da época, da qual podemos citar reconhecidos escritores, como Eusébio de Cesareia, Atanásio de Alexandria, Epifanio de Salamina, Deodoro de Tarso e outros que o utilizavam[94].

---

[93] SESBOÜÉ, B. A divindade do Filho e do Espírito Santo (século IV). In: SESBOÜÉ, Bernard (dir.); WOLINSKI, J. *O Deus da salvação (séculos I – VIII)*. 3ed. São Paulo: Loyola, 2015, p. 216.

[94] GAMBERO, Luigi. Introduzione. GAMBERO, Luigi (org.). *Scintille a Efeso anno 431*. Cristo e la Madre sua al centro del dibattito conciliare. Cinisello Balsamo: San Paolo, 2014, p. 13.

A "faísca que provocou o fogaréu" foi uma homilia, proferida no final do ano de 428, por Proclo, presbítero de Constantinopla, que atribuía a Maria o título de *Theotókos*. Tal homilia provocou a vivaz e negativa reação de Nestório, então Patriarca de Constantinopla, desencadeando um coro de protestos da Igreja oriental. Nesse coro, estava presente aquele que será o paladino da questão, Cirilo de Alexandria, que irá defender a integridade da fé cristã em seus âmbitos cristológicos e mariológicos, assegurando a ortodoxia do título mariano *Theotókos*[95].

O que, de fato, contestava Nestório? Acreditamos que esse trecho de sua homilia proferida em Constantinopla seja um bom resumo de seu ponto de vista:

> Perguntamos-vos: Maria pode ser chamada Mãe de Deus? Mas Deus tem uma mãe? Necessitaríamos agora admitir o paganismo que fala das mães dos deuses. (...) Não, Maria não gerou Deus, a criatura não gerou o Criador, mas um homem que é instrumento da divindade. O Espírito Santo não introduziu o *Logos,* mas criou um templo onde deveria habitar. (...) Aquele que foi formado no seio de Maria não é Deus mesmo, mas Deus o assume e, por causa daquele que o assume, o chamamos também de Deus assumido" (PL 48, 757-762).

Nestório tem razão em se preocupar com a possibilidade de que o título *Theotókos* venha induzir a compreensão de um retorno ao paganismo, em que encontramos diversas divindades maternas. Mas a grande questão em torno a seu pensamento

[95] *Ibid.*, p. 13.

é sua concepção cristológica, pois ele entende que, primeiramente, Maria concebeu e gerou um homem que é instrumento da divindade e que foi assumido por Deus. Dessarte, Maria não pode ser considerada, segundo Nestório, *Theotókos* e tão somente *Christotókos*.

Negar que a Mãe de Cristo seja Mãe de Deus é negar a divindade desde o primeiro momento da concepção de Jesus no ventre de Maria, o que nos remete à heresia do adocionismo[96].

O adocionismo é uma abordagem cristológica que considera as naturezas humana e divina em Jesus separadamente, sendo Cristo um ser humano que, em algum momento de sua vida, é adotado pela divindade que recai sobre Ele. Existem várias modalidades dessa abordagem, como, por exemplo, a de corte ebionita, que considera Jesus um "simples homem", gerado por Maria e José, mas elevado por Deus à dignidade de Filho de Deus[97]. Portanto, no conjunto dessas abordagens adocionitas, é que se domicilia a postura de Nestório.

O grande mérito de Cirilo, incontestavelmente um teólogo de melhor desenvoltura que Nestório, foi definir a unidade das naturezas humana e divina em Jesus e desenvolver o argumento denominado "comunicação idiomática". Segundo esse argumento, deve-se atribuir "à Segunda Pessoa da Santíssima Trindade tudo o que acontece a Cristo segundo a humanidade, em consequência da encarnação: se Deus nasceu, Deus sofreu, Deus morreu na cruz"[98].

[96] LAURENTIN, Breve trattato sulla Vergine, p. 74.

[97] WOLINSKI, J. Da economia à "teologia" (século III). In: SESBOÜE, Bernard (dir.); WOLINSKI, J. *O Deus da salvação (século I-VIII)*. 3ed. São Paulo: Loyola, 2015, p. 158.

[98] LAURENTIN, Breve trattato sulla Vergine, p. 62-63.

Deve-se considerar, diante da posição de Cirilo, uma questão levantada por J. L. Segundo: "Se devemos passar a dizer de Deus o que é a verdade do homem Jesus, não será necessário acrescentar: e *vice-versa*?"[99] Cremos que sim, tanto que a compreensão cristológica de uma "avenida de mão única", acentuada por Cirilo, será um objeto de indiscutível importância no debate cristológico, tanto em concílios quanto na cristologia que chega até nossos dias, quando afirmamos que de tão humano que Jesus foi, só poderia ser divino.

Cabe-nos, agora, concluir que Maria, no mistério de sua maternidade virginal, leva-nos a compreender algo de muita profundidade sobre a encarnação do Verbo: o modo como sua divindade está unida à humanidade em Jesus. Vejamos agora o modo como a virgindade materna de Maria nos ajuda a compreender Jesus.

A virgindade materna de Maria

É com muita indignação que dizemos que, ainda hoje, a virgindade de uma mulher é considerada um troféu para muitos homens ou para as culturas patriarcais. Por isso que, ao tratarmos desse tema, mantemos uma atenta vigilância a nossa retórica, para tentar (e quiçá o consigamos) não cair em nenhuma armadilha que nos desencaminhe da trilha que nos conduz ao coração de Deus. Não queremos caminhar em vias periféricas que macaqueiam a virgindade de Maria com expressões muito elevadas, mas corrompidas por uma ideologia machista. A vir-

[99] SEGUNDO, Juan Luis. *A história perdida e recuperada de Jesus de Nazaré:* dos sinóticos a Paulo. São Paulo: Paulus, 1997, p. 643.

gindade de Maria é um dom que ela recebe do Pai e vivido em sua liberdade e autonomia enquanto mulher.

Percebe-se, então, que o dado físico-biológico dessa virgindade (o que não negamos ou desprezamos) está subordinado ao dado carismático. Primeiro vem a iniciativa divina de conferir em toda a vida de Maria um estado virginal, como expressão de alguém que foi totalmente consagrada a Deus pelo poder do Espírito Santo em total liberdade.

Consequentemente, a virgindade não pode ser vivida como uma autoglorificação, mas como estado de abertura Àquele que consagra, em uma vida não corrompida por toda e qualquer idolatria. Um modo de ser virginal não constrói altares para ídolos em qualquer parte de seu ser. E assim Maria viveu. Livremente ela é toda de Deus.

A tradição sobre a virgindade de Maria desenvolveu essa argumentação utilizando o conceito de "tríplice virgindade" ou "virgindade perpétua". O dogma da virgindade de Maria parte das afirmações referentes à concepção virginal em Mateus e Lucas e, desde os primórdios do cristianismo, é parte das afirmações de fé mais centrais de nossa fé, como podemos ver nas profissões de fé por ocasião do batismo, nos Símbolos, Concílios e tantas outras vozes, sobretudo na Patrística. Vale a pena lembrar toda a elaboração dogmática sobre esse tema proveniente do Concílio de Cápua (391-392), do Segundo Concílio de Constantinopla (553), do Sínodo de Latrão (649) e o III Concílio de Constantinopla (681).

É evidente que toda a reflexão dogmática esteve sob a égide da cultura de um tempo em que se olhava com desconfiança para o corpo e a sexualidade, não obstante todo o esforço de não contaminar a fé cristã com conceitos oriundos do gnosticismo (destaque deve ser dado aos encratistas). Sendo assim, é que a reflexão teológica hodierna, entendendo a virgindade como dom divino e resposta humana, contempla a virgindade perpétua de Maria como a "vocação de consagração plena do homem a Deus. Em todas as coisas Maria colocou Deus acima de todas as coisas"[100].

Insistimos em dizer que não estamos tratando do tema como algo meramente metafórico. Apenas dizendo que o dado físico-biológico deve estar subordinado ao dado carismático, mediante a primazia que a iniciativa divina deve ocupar. Por outro lado, em profundo respeito à pessoa, ao corpo e à intimidade de Maria, não nos inclinamos a detalhar seu estado físico-biológico-virginal[101].

A Patrística aponta para uma profunda relação entre a concepção virginal de Jesus e a compreensão de sua divindade, ou seja, o fato de Jesus ter sido concebido sem a participação de um homem remete-nos à paternidade divina. Tanto no seio da Trindade quanto no meio da humanidade, o Cristo só teve um único pai, o Pai por excelência[102]. Nesse sentido, a concepção virginal é um dado que revela, que aponta para a divindade de Jesus, e, de forma alguma, é entendida como sua causa.

---

[100] BECKHÄUSER, Alberto. Maria nos textos eucológicos. In: GUIMARÃES, Valdivino (org.). *Maria na liturgia e na piedade popular.* São Paulo: Paulus, 2017, p. 85.

[101] Ver a crítica de: NATOLI, Salvatore. *Mater misericordie.* La maternità di Maria come simbolica universale. In: ASSOCIAZIONE TEOLOGIA ITALIANA. *Maria.* Un caso per la teologia. Milano: Glossa, 2019, p. 46.

[102] Não podemos nos esquivar de uma breve observação sobre a importância da paternidade de José na vida de Jesus. José foi verdadeiramente um pai para Jesus, mas viveu sob a sombra do Pai por excelência, o que lhe confere grande dignidade e veneração por sua pessoa.

Assim, os Santos Padres usaram desse argumento para refutar as teses adocionistas, ebionitas, docetas e gnósticas, pois encontravam na concepção virginal de Maria um argumento sólido para suas posições[103].

Não nos esqueçamos de que a concepção virginal é um dos elementos que nos remetem à compreensão da divindade de Jesus. O Novo Testamento nos revela que Jesus participou de modo íntimo e singular da divindade do Pai e que, *a posteriori*, essa relação, expressa em diferentes aspectos na vida de Jesus e iluminados por sua ressurreição, será entendida como a base para compreender Jesus como "Deus de Deus". De modo que a concepção virginal é uma graciosa seta que, no conjunto da Revelação, nos remete ao mistério trinitário.

Ainda, todo o mistério da perpétua virgindade de Maria nos remete a Jesus. Se entendemos virgindade como consagração, falar de um estado de virgindade permanente equivale a dizer que Maria viveu com radicalidade o projeto de Deus, à luz do mistério da encarnação, do qual é a testemunha mais eminente. Em sua vida, a Mãe do Senhor nos diz que, a Trindade, a quem fomos consagrados, é fonte de infinito amor e que Deus, ao olhar nossa humildade, eleva-nos consigo a seu coração.

2.3. A maternidade virginal de Maria como um signo de respeito e liberdade integral da mulher

Voltemos às mútuas implicações da relação entre maternidade e virgindade em Maria. Se a maternidade remete ao êxtase,

[103] GARCÍA-MURGA, José Ramón. *María – Mujer – Iglesia.* ¿Por qué Maria si ya tenemos a Cristo? Madrid: San Pablo / Comillas, 2012, p. 43.

ao mais visceral sair de si, para dar à luz outro ser, a sair de si mesma e ser mãe com um filho, uma filha; a virgindade é um mergulho fecundo em si, descer à fonte da graça no mais íntimo de nós, ao Espírito, que dá liberdade e autonomia. Maria, no movimento de emergir com o Verbo em seu seio encarnado e imergir nas águas fecundas do Espírito, é o signo mais eloquente do ser mulher em toda a sua inteireza.

Enquanto signo eloquente que Maria é, ela está em profunda solidariedade com todas as mulheres, a ponto de que qualquer mutilação em sua feminilidade vá ferir todas as mulheres e *vice-versa*. Seria muito interessante pensar uma *#nenhuma a menos,* encabeçada com a imagem da Mãe do Senhor, acolhida como alto apelo antiviolência de qualquer gênero. Assim nos perguntemos pelas "violências" que a cultura machista patriarcal causou à compreensão do mistério da Virgem Maria, e o quanto "libertar" a compreensão mariológica dessa cultura eleva todas as mulheres com Maria.

Nas obras de Kari Elisabeth Børresen, encontramos uma expressão muito interessante que é "ginecologia da salvação". A brilhante pesquisadora norueguesa, utilizando dessa expressão, mostra-nos severas incongruências nos dogmas marianos, quando pensados fora da cultura patriarcal que os produziu, sobretudo nos dois últimos dogmas marianos, que têm sobre si tanto o peso do machismo em voga quando pronunciados, quanto de questões antropológicas não compatíveis com a antropologia hodierna[104].

---

[104] Damos destaque à obra: BØRRESEN, Kari Elisabeth. *María nel Medíevo fra antropología e teología.* Trapani: Il Pozzo di Giacobbe, 2019.

Assim a referida expressão denuncia o reducionismo mariológico, elaborado por homens (ou por mentalidades machistas), que tendem a simplificar o mistério em questões fisiológicas, ou, dizendo a mesma coisa de outra forma, compreendem tais questões fisiológicas tão elevadas que qualquer outro elemento se torna opaco. Assim Maria é a "mãe" por excelência, segundo as ideologias patriarcais, não lhe sobrando nada que fuja desse domicílio sexista imposto. Portanto essa situação mostra-nos que Maria é tudo e é nada: "tudo", porque se cria um epicentro ao redor de sua maternidade como se essa fosse sua única prerrogativa a ser valorizada; e é "nada", porque não é importante apenas pelo que se faz, mas pelo que é. Quando alguém é aprisionado a contextos e conceitos alienantes, perde-se a inteireza do ser. Devemos ver Maria como mulher, ser humano em sua inteireza. Dessa forma, olhar para Maria, ou para qualquer outra pessoa, e escolher ficar somente com a parte que agrada em detrimento do todo, não é se colocar, verdadeira e inteiramente, diante de alguém.

Isso nos faz perguntar por que sociedades altamente devotas a Maria não conseguem caminhar em direção a posturas mais razoáveis com relação à mulher na política e em todas as esferas públicas e profissionais. Será que a mulher venerada em seus andores, carregada por homens, com os mais diversos tipos de nomes iniciados por "Nossa Senhora", não é "Rainha" que governa o céu e imagem usada para legitimar as políticas feitas por homens? Na imagem de Maria "Rainha do Céu", em face aos homens "donos da terra", encontramos um subproduto, o da mulher considerada "dona de casa", "rainha do lar" que, dentro desse ambiente doméstico, pode sofrer violência masculina de seu marido, pai etc., e quando sai do ambiente doméstico pode sofrer violência de qualquer homem. Isso é inaceitável diante da materna virgindade de Maria.

O mais correto, gentil e necessário é que, humildemente, elevemos nossa mão e ajudemos Maria a descer desses falsos andores e nos alegrar ao ver a Mãe do Senhor caminhando conosco. Isso nos ajudará a perceber como e o quanto de libertador ela traz consigo para todos.

Do ponto de vista dogmático, a Mãe de Jesus, em sua materna virgindade, revela-nos Jesus como um dom de amor gratuito de Deus Pai, dado a nós no poder do Espírito Santo, um dom de amor como "verdadeiro homem e verdadeiro Deus". Vista do ponto de sua feminilidade, a Virgem Santa nos revela que Jesus concede liberdade e vida a todo ser humano que Ele resgatou em seu sangue redentor.

3. O Espírito Santo

Maria é a obra-prima do Espírito Santo. Pois, sendo o Espírito "Senhor que dá a vida", podemos dizer que Ele é a "Força de Deus enquanto Pessoa Divina", infundindo vida em todas as coisas, segundo o desígnio do Pai, desde a criação do mundo. E, nesse ato de infundir vida, cremos que na encarnação do Verbo de Deus, que se deu pela Força/Pessoa do Espírito Santo, temos o ápice de sua manifestação de vida na história. O Espírito Divino não somente infundiu vida em todo o universo, mas em seu poder, fez com que o Filho unigênito do Pai, "Deus de Deus", fosse gerado de modo totalmente humano no seio de Maria. Assim, quando olhamos para a Mãe do Senhor, não apenas vemos sua pessoa, cuja memória foi guardada nos Evangelhos, mas também vemos nela o ápice da ação do Espírito que a elegendo como "lugar sagrado" nos dá seu mais perfeito ícone.

O conceito de "sinergia" muito nos ajuda nessa compreensão. Em sentido religioso, "sinergia" (do grego *synérgeia*) significa uma ação conjunta em que a energia divina e a energia humana se encontram em um único princípio de ação, salvaguardando a diferença entre ambos. A base dessa cooperação se dá no mistério da inabitação de Deus no ser humano, uma vez que, por graça, somos participantes da "natureza divina" (2Pd 1,4) e "vivemos, movemo-nos e existimos" (At 17,28) em Deus[105].

A utilização desse conceito impõe um rigor teológico ao qual devemos estar muito atentos. Isso porque, ao tratarmos de um "único princípio de ação" que se dá no encontro das energias humana e divina, em nada negamos, primeiramente, a iniciativa divina, que em tudo precede e sustenta toda ação humana e a disparidade dos sujeitos da ação, pois pensar em cooperação do ser humano com Deus não implica uma igualdade de forças.

Insistindo nessa questão, podemos arriscar um exemplo: pensando a disparidade do princípio divino em relação ao humano não se pensa a "sinergia" como se Deus e uma determinada pessoa pegassem uma pesada mesa e empregassem,

[105] LANGELLA, Alfonso. *Maria e lo Spirito Santo nella teologia cattolica post-conciliare.* Napoli: M. D'auria editore, 1993, p. 98-99.

ambos, de mesma força para mover essa mesa. Não se nivela o agir de Deus ao agir do ser humano, contudo, entendemos que no momento em que a iniciativa divina encontra adesão no coração do ser humano temos *um único princípio* para a realização de determinada ação.

Tendo posta essa questão, recordemos com nossas parcas compreensões humanas a Pessoa daquele que é "Senhor e dá a vida" e algumas perspectivas teológicas em que o Paráclito reflete sua luz admirável na mãe de Jesus e em sinergia apontam para um mundo renovado, que alcança sua plenitude em Jesus de Nazaré e espera sua concretização plena na ressurreição do "último dia".

3.1. Espírito Santo: Senhora que dá a vida

Com toda a Igreja professamos no Símbolo Niceno-Constantinopolitano que o Espírito Santo é "Senhor que dá a vida". Mas com nossa sincera profissão de fé e a contemplação do Espírito Santo, como a *Ruah* divina, podemos dizer também que cremos no Espírito Santo enquanto "Senhora que dá a vida". Isso porque, quando tomamos a expressão *Ruah*, entendida como vento, hálito, sopro, enquanto uma energia, uma força dinâmica de vida e outras expressões, sobretudo, do Antigo Testamento, nós nos deparamos com conotações maternas de fecundidade.

Faz-se imprescindível dizer que "Senhor", no Símbolo, é *Kyrios*, que, por sua vez, é a tradução grega da LXX para o nome de Deus expresso no tetragrama: YHWH. Logo, "Senhora" não faria nenhum sentido. Sem nenhuma pretensão de alterar o Credo, simplesmente queremos inserir uma perspectiva feminina para Aquele que está além de toda compreensão minimalista de feminino ou masculino, mas que, ao mesmo tempo, contemplado em dimensões femininas, facilita a cada um de nós, sempre carentes de linguagens que alcancem o mistério divino, um olhar mais profundo sobre o Paráclito.

Enquanto "Senhora que dá a vida" desde a criação do mundo, em que "o espírito de Deus pairava sobre as águas" (Gn 1,2) até a "ressurreição da carne", dada no poder do Espírito Santo, encontramos um movimento quenótico. O Espírito Santo, como "Mãe" que sustenta a criação, derrama sua vida sobre todas as coisas criadas, mesmo as marcadas pelas situações de pecado, sem jamais se misturar ou confundir com o pecado.

Kénosis é uma palavra grega que em Fl 2,6-11 é aplicada a Jesus, que, sendo Filho de Deus, dotado de prerrogativas divinas, "esvaziou-se" delas, assumindo a condição humana, menos o pecado. A palavra nos leva a pensar em um movimento descendente, "do alto" em direção à condição humana.

O esvaziamento não implica uma mutilação, diminuição ou metamorfose da divindade, mas um concreto movimento em direção à humanidade, a forma mais radical em que o Verbo assumiu plenamente nossa humanidade.

Paralelamente, podemos dizer algo semelhante em relação ao Espírito Santo, pois Ele não se encarna, mas é "derramado", Ele "vem sobre", "desde o alto", é o "êxtase trinitário", em direção a toda criação. E nesse movimento descendente, de esvaziamento, Ele é presença discreta, protagonista despojado diante de suas maravilhosas ações e impensáveis transformações no coração da humanidade, da história e do universo. Em tudo, Ele vem em socorro, permitindo-nos ver o esplendor da glória do Pai e a promoção da dignidade do ser humano e da criação, que é profundamente querida pela Trindade Santa.

Nesse movimento quenótico do Espírito Santo, destacamos sua ação transformadora na história que se visibiliza na luta pela justiça e pela dignidade de todo ser humano empobrecido, devido às estruturas de pecado erigidas em nossa sociedade. Cremos que o Espírito vem em socorro de nossa história como "Força transformadora", não se confundindo com o pecado social na história, mas revelando-se verdadeiro "Pai dos pobres"[106], pois "ama a todos, [mas] socorre preferencialmente quem está mais necessitado, em maior perigo, mais ameaçado"[107]. Assumindo as palavras da *Gaudium et Spes*, podemos dizer que a força do Espírito Santo, derramada no coração de mulheres e homens,

> não suscita neles apenas o desejo da vida futura, mas, por isso mesmo, anima, purifica e fortalece também aquelas generosas aspirações que levam a humanidade a tentar tornar a vida mais humana e a submeter a esse fim toda a terra (GS 38).

Sem sombra de dúvida, o evento que mais evidencia a vinda do Espírito Santo, como "Força transformadora", é o mistério da encarnação do Verbo, evento esse pensado até a ressurreição de Jesus. Todo o evento salvífico da encarnação, vida,

---

[106] Sequência de Pentecostes.

[107] SUSIN, Luiz Carlos. Espírito Santo – seio maternal de Deus. In: HACKMANN, Geraldo L. B. (org.). *Sub umbris fideliter.* Festschrift em homenagem a Frei Boaventura Kloppenburg. Porto Alegre: EDIPUCRS, 1999, p. 247.

morte e ressurreição do Senhor está sob o selo do Espírito. Nele Maria de Nazaré é escolhida como a Mãe do Senhor no poder do Espírito Santo. Vale lembrar que jamais a Tradição cristã considerou a encarnação do Verbo no seio da Virgem como um mero artifício para a entrada de Jesus na história e no tempo. A Tradição entende que Maria está profundamente envolvida no evento salvífico, que repousa sobre ela uma verdadeira consagração para um *múnus* de mãe, de discípula, de fiel, na primitiva comunidade dos seguidores de Jesus, e, mesmo após sua assunção à glória do céu, de intercessora na Comunhão dos Santos.

Esse envolvimento de Maria na história da salvação é uma escolha que Deus faz de uma jovem pobre, proveniente de um lugar insignificante, que só foi vista em sua grandeza porque o Senhor a evidenciou em seu mistério. Assim, no movimento quenótico do Verbo Divino e do Espírito Santo, segundo a vontade do Pai, Deus vem ao encontro de Maria de Nazaré.

Sob o aspecto pneumatológico, Maria, em sua condição de mulher e de pobre, é o "lugar santo" em que se reflete um aspecto essencial do Espírito Santo, seu modo de ser, enquanto "a fecundidade de Deus *ad extra* trinitária". Da encarnação do Verbo dada no poder do Espírito Santo, enquanto evento sem par na história da salvação, gostaríamos de expor três compreensões mariológicas, que revelam na transparência de Maria o Espírito Santo, ou seja, apresentaremos Maria enquanto sinal concretizado de um mundo novo que surge, signo de beleza e Rainha da Criação.

3.2. Maria na luz do Espírito Santo

Somente quem se deixa iluminar pelo Espírito se torna uma luz para o mundo. A "Agraciada" de Deus foi mergulhada nessa luz e não resistiu em nada a essa experiência, sendo para todos um modelo de conversão e um sinal de esperança fundada na fé. Vejamos isso em três formas de compreender o mistério do Espírito Santo em Maria.

Maria: concretização do mundo novo

Um mundo novo se concretiza no seio de Maria, o que faz dela um cais diante de uma novidade para a Igreja como um oceano a descobrir sempre mais: o reinado de Deus iniciado em Jesus Cristo. Jesus, filho de Maria, é o "homem novo", segundo o amor do Pai no poder do Espírito Santo. E essa novidade, concretizada pela vida e maternidade de Maria, alcança todo o universo, pois Aquele que ela gerou é o mesmo que faz "novas todas as coisas" (Ap 21,5).

Esse mundo novo pode ser vislumbrado nas páginas de Mateus e Lucas quando narram, cada um a seu modo, a genealogia de Jesus. Em uma tradição patriliniar (com as felizes inserções de cinco mulheres na genealogia de Mateus), vamos contemplando o ciclo de gerações que, sobretudo em Mateus, se conclui, como que, com uma ruptura em Maria, pois é "em Maria, a humilde Virgem de Nazaré, que se dá um novo início, começa um novo modo de ser pessoa humana"[108].

Jesus não é filho de José, segundo a ordem biológica natural, mesmo sendo José o pai legal e afetivo ao lado de Maria na

[108] RATZINGER, Joseph. *Jesus de Nazaré:* contribuições para a cristologia. Obras completas, volume 6, Tomo I. Brasília: Edições CNBB, 2021, p. 43.

vida do Verbo de Deus encarnado. Jesus é plenamente o Filho de Deus Pai concebido por obra do Espírito Santo. Assim essa concepção sob o poder do Espírito Santo, advinda no seio da Virgem enquanto uma nova criação, inaugura um novo mundo. Jesus é o "Novo Homem", o "Novo Adão", pleno do Espírito Santo.

Dessa forma, assim como Jesus foi concebido pneumatologicamente no seio de Maria, todos os fiéis são concebidos pneutamatologicamente no seio da Igreja por meio do batismo. No batismo, recebemos a "luz verdadeira, que, vindo ao mundo, a todos ilumina" (Jo 1,9), de modo que nos foi dado o poder de sermos filhos de Deus, pois não fomos gerados do "sangue, nem da vontade da carne, nem da vontade do homem, mas de Deus" (Jo 1,12-13). Gerados de Deus e para Deus, somos um povo constituído de homens e mulheres "novos/as" que trazem consigo como herança a "Boa-Nova" do Reino de Deus.

Podemos contemplar esse mistério não apenas pela ótica da concepção de Jesus, mas também pelo dogma da Imaculada Conceição de Maria. Deus quis dar a Maria a plenitude da graça em virtude dos méritos de Cristo, tornando-a modelo do modo mais autêntico do ser cristão. No mistério da Imaculada Conceição de Maria, contemplamos o primado da graça sobre o pecado. Em Deus a primeira palavra é de vida e salvação, e Maria é o ser humano totalmente aberto e capaz de viver sob a graça. Isso faz da mãe do Senhor uma "utopia", que nos faz peregrinar nas estradas de nossa história como escolhidos por Deus desde a eternidade "para sermos santos e íntegros diante dele, no amor" (Ef 1,4).

À luz dessa "utopia mariana", assumimos o desejo do papa Francisco de sermos uma "Igreja em saída", que não tem como intento impor uma nova forma de cristandade, mas a missão de socorrer a humanidade em suas mais diversas dores e angústias. Uma Igreja que, iluminada pela santidade da Imaculada Conceição, faz-se irmã de toda aspiração humana de liberdade, pureza e beleza.

Tudo isso nos faz um povo novo, um povo marcado pela beleza. Não por mérito ou por esforço em fazer algo novo e belo, mas pela iniciativa livre e amorosa do Paráclito, que, agindo na humanidade, revela-se como o Poder de Vida enquanto Pessoa Divina.

Signo de beleza

A beleza está para além daquilo que apenas nos causa um prazer estético. Ela é a purificação do supérfluo que conduz à forma mais autêntica de algo, a uma verdade intrínseca que só pode ser alcançada mediante o êxtase, o sair de si mesmo e se "perder" diante daquilo que nos revela sua essência. Paradoxalmente, esse movimento "para fora" também nos reconduz a nossa interioridade, convidando-nos a voltar para aquilo que é mais autêntico e essencial de nossa existência, aquilo que é verdadeiramente belo.

Sob esse prisma é que podemos abeirar-nos do mistério da beleza de Maria. Nela nada é superficial, falso ou teatral. A sobriedade com que o Novo Testamento nos apresenta sua pessoa, para além de um contexto teológico que prioriza a Boa-Nova, que é Jesus, revela-nos o que é essencial em sua vida.

Nesse essencial, nós nos deparamos com uma beleza capaz de nos elevar ao que há de mais autêntico em sua pessoa e ao que há de mais autêntico no modo de ser cristão.

Desse modo, a mariologia assume a *via pulchritudinis* como um princípio epistemológico. Ao dizer que a *via pulcrhitudines* não existe sem a *via veritatis* qualquer discurso sobre a Mãe do Senhor, que não parta daquilo que é essencial em sua vida e que não nos faça descobrir a beleza da vida cristã, não serve para os cristãos dos dias de hoje. Ou seja, pensar a Virgem Maria com elementos em desacordo com as Sagradas Escrituras é um desserviço à mariologia, à piedade popular e ao diálogo ecumênico e inter-religioso.

Tal afirmação nos impõe precisar biblicamente o que significa dizer que Maria é um *signo de beleza*. Comecemos lembrando as santas mulheres do Antigo Testamento e a forma prefigurativa como o Novo Testamento liga Maria a essas mulheres. Tais mulheres representam a fidelidade do Povo de Deus à Aliança e essa fidelidade alcança seu ápice em Maria. A fidelidade é uma expressão autêntica da beleza, pois essa virtude mantém a pessoa naquilo que é o essencial de sua vida, não permitindo caminhos que maculem a vocação assumida. Nesse sentido, o texto bíblico em que melhor compreendemos isso é a anunciação do anjo a Maria (Lc 1,26-38).

Maria responde positivamente à proposta de Deus enquanto pessoa e enquanto personagem coletiva, pois representa toda a humanidade, sobretudo o povo fiel de Israel que esperava o Messias. Nela vemos de modo muito concreto o que Jesus diz nas *bem-aventuranças:* "Bem-aventurados os puros no coração porque verão a Deus" (Mt 5,8). O que existe de mais puro no coração da humanidade era concorde ao coração de Maria, porque ela, diante do mensageiro celeste, era a expressão mais verdadeira da fidelidade ao Deus Santo de Israel, destinada a "ver Deus" na face de seu filho. Assim, o próprio Deus a chama com um "nome novo", de "cheia de graça" (Lc 1,28).

Quando lemos que o anjo saúda Maria não utilizando seu nome, mas chamando-a de "cheia de graça", compreendemos algo de muito profundo sobre o ser de Maria. Ela é aquilo que Deus realizou nela, identifica-se visceralmente com o projeto do Pai para ela, sendo, então, a redimida por excelência, aquela que conserva a "graça original", por isso a "Toda Santa". Ao aproximarmo-nos desse mistério contemplamos o que há de mais profundo em Maria, algo que só poderíamos saber por revelação e, sendo assim, somos imediatamente direcionados àquele que é o Santificador, o "Divino Artista" na Trindade. O estado de graça original de Maria nos remete ao Espírito Santo, à "Beleza enquanto Pessoa divina", o que faz de Maria um *signo* inigualável de beleza.

Rainha de toda a criação

Deus em nada é tacanho diante da criação, mas infinitamente pródigo em "dar-se" a nós. Por isso quando dizemos que Maria é um *signo* inigualável de beleza não estamos dizendo que ela seja o único *signo*, mas o coroamento de toda a criação, pois em Maria a criatura foi feita capaz de conceber o divino, o eterno. Ela não é a fonte da divindade de seu filho Jesus, mas é verdadeiramente *Genitora de Deus*. Se assim a entendemos, podemos avançar assumindo a forma como o papa Francisco nomeia Maria na *Laudato Si'*: *Rainha de toda a criação.*

Vale deixar bem claro que o papa Francisco, imbuído de uma sólida piedade mariana, não se perde em um adocicado devocionismo, por isso, ao dizer que *Maria é rainha de toda a criação,* o faz de modo muito adequado para nossa realidade socioambiental. Lembra-nos que, assim como Maria cuidou de Jesus, agora ela também cuida de nosso mundo ferido, compadecendo-se "do sofrimento dos pobres crucificados e das criaturas deste mundo exterminadas pelo poder humano" (LS 241).

Maria é rainha não porque está distante, encastelada em uma nobreza solitária, mas porque é uma mulher concreta na história que viveu a compaixão. A experiência verdadeira de beleza, como vimos anteriormente, também gera compaixão, pois não existe fidelidade a Deus que não nos mova em direção aos que foram desfigurados, aos que foram destituídos de sua "beleza original". Desse modo, com o papa Francisco, dizemos que Maria "Elevada ao céu, é Mãe e Rainha de toda a criação. Em seu corpo glorificado, juntamente com Cristo ressuscitado, parte da Criação alcançou toda a plenitude de sua beleza" (LS 241).

A piedade mariana alcança um novo patamar com a *Laudato Si'*, que é a inclusão da dimensão ecológica. Vivendo e rezando com/como Maria o fazemos em nosso planeta, em nossa casa comum, ou seja, a espiritualidade mariana, que deve ter os "pés no chão" de nossa história, deve ser vivida de acordo com princípios de sustentabilidade de nosso planeta, livre do pecado do consumismo e engajada na luta contra o desmatamento, a emissão de gazes poluentes, a preservação dos rios e tantas outras pautas que se referiam ao cuidado de nossa casa comum. Essa é a forma mais autêntica de dizermos que Maria é a *Rainha de toda a criação.*

3.3. A mariologia na perspectiva de uma pneumatologia atualizada

Passado o Concílio Vaticano II, surge uma demanda que inquieta os teólogos/as da Igreja latina. O Espírito Santo não estaria "obscurecido" por uma exagerada concentração cristológica, com reflexos nas imagens da Igreja e de Maria? Infelizmente, percebeu-se que, apesar de no segundo milênio a Igreja nunca deixar de falar do Espírito Santo, o fez sempre em vista de outras questões, fazendo do tema pneumatológico algo pulverizado nos outros tratados teológicos e desconsiderado em sua potencialidade própria de reflexão.

Com essa observação, surge um forte movimento de atualização pneumatológica, onde o tratado do Espírito Santo é visto em sua singularidade e as implicações que traz em outras reflexões teológicas. Tudo isso em uma atenção para não pulverizar novamente a pneumatologia, pois, caso isso venha a acontecer, voltamos ao estágio anterior que empobrece toda a teologia cristã.

Dentro dessa perspectiva, a mariologia assume esse compromisso com muita responsabilidade, partindo do princípio teológico da Bem-aventurada Virgem Maria, "no mistério de Cristo e da Igreja", mas também sob o *poder do Espírito Santo.*

Esse prisma teológico tem realizado uma perspectiva mariológica muito salutar, pois impõe à teologia e à piedade mariana o justo lugar de Maria na história da salvação. Ela não obscurece o Divino Paráclito, mas o revela, pois, sendo a Mãe do Senhor uma "obra-prima" da Santa *Ruah*, em tudo ela nos mostra seu poder e sua identidade.

Gostaríamos de mostrar em apenas três itens breves formas em que o Espírito Santo tem sido reduzido tanto na teologia, por seu "obscurecimento", como na prática da fé, e o modo como a impostação pneumatológica na mariologia questiona e redimensiona algumas posturas.

A "coisificação" do Espírito Santo

O termo "coisificação" aplicado ao Espírito Santo revolta profundamente nosso *sensus fidei*. E não poderia ser diferente, pois reduzir a Terceira Pessoa da Trindade a um mero "faz que" é insuportável. Mas observemos algumas reduções da Divina *Ruah*.

A primeira observação que destacamos é quando o Espírito Santo é visto como um "serviçal da instituição" eclesial. Essa postura leva por impor ao Espírito uma limitação, uma vez que Ele age porque acionado pela instituição, no restrito campo do que se diz ser sobrenatural ou religioso. Jamais devemos esquecer que é a Igreja que está sob o poder do Espírito Santo e nunca o contrário. De fato, o poder do Espírito foi dado a Igreja, mas não como um objeto, que uma vez adquirido, podemos utilizar como nos convém, sendo uma posse nossa. Esse poder é puro dom, é pura graça. Ligado a isso, lembremos o que Jesus disse a Nicodemos: "O vento [o Espírito Santo] sopra onde quer e ouves sua voz, mas não sabes de onde vem, nem para onde vai" (Jo 3,8). Assim, o Paráclito é absolutamente livre para agir, não age somente na Igreja e sob o comando da Igreja, mas em todas as realidades, com exceção do pecado (OLIVEIRA, 2020, p. 318)[109].

A segunda redução é uma consequência direta da primeira. Se o Espírito foi tratado como um "serviçal", interessa apenas o que ele faz, uma vez que o que se busca é seu "poder e energia" e não se busca uma relação pessoal com "Aquele que concede poder e energia"[110]. Nessa forma de redução, o Espírito não é alguém, não é Pessoa divina, não se estabelece relações com Ele, mesmo sabendo que Ele existe. Isso nos leva a pensar que o Espírito estaria no esquema de algumas famílias saudosistas do sistema escravocrata brasileiro, que tem uma empregada doméstica que mora no "quartinho dos fundos", trabalha o dobro da jornada de trabalho legalizada e ainda se fala que "ela é como um membro da família". Ela existe, mas não é pessoa. Isso é uma abominação tanto em termos humanos quanto em sua transposição à esfera trinitária.

Por último – infelizmente teríamos outras formas de redução a tratar –, pensemos nas vezes em que o Espírito é tido como "uma fonte que capacita para fazer tarefas", ou seja, Ele é aprisionado em uma demanda pragmática que visa a produtividade[111]. Em vista de quantos "shows, ditos carismáticos", o Espírito Santo não está nessa lógica? É inadmissível pensar que o Espírito capacita um

---

[109] OLIVEIRA, Pedro Rubens Ferreira de. O Espírito presente em meio às ambiguidades da vida: traços da pneumatologia simbólica de Paul Tillich. In: PERSPECTIVA TEOLÓGICA. *Pneumatologia*. Belo Horizonte: v. 52, n. 2, p. 257-540, Mai./Ago. 2020, p. 318.

[110] *Ibid.*

[111] *Ibid.*

showman para que todos se liguem a esse personagem, em detrimento da Igreja e do bom senso. Afirmamos que o Espírito age em sinergia com as pessoas, que confere dons singulares, especificamente, cremos que Ele infunde seu divino vigor em comunicadores de diferentes áreas. Mas também professamos que o Espírito gera comunhão a partir de seus dons singulares, e se algum dom não está na dimensão da comunhão da Igreja, da justiça, da opção pelos pobres, de fato, não é um dom do Espírito. Assim, não é o Espírito Santo que faz um *showman* religioso, Ele não se presta a essa demanda pragmática, logo, o que capacita tais pessoas são seus interesses mundanos, em nada segundo o Espírito de Deus.

E como a Virgem Maria pode colaborar com nossa conversão pneumatológica? Tomemos o trecho bíblico que é considerado o "coração da mariologia pneumatológica": "O Espírito Santo descerá sobre ti, e o poder do Altíssimo te cobrirá com sua sombra" (Lc 1,35).

O referido versículo refere-se à concepção pneumatológica do filho de Maria, pois Jesus nasceu sob o poder do Espírito Santo de modo virginal. Mas, tomando esse versículo como "coração" de todo o discurso da mariologia pneumatológica, podemos dizer que Maria, desde o primeiro instante de sua concepção, foi plasmada pelo Espírito e Nele viveu toda a sua vida, sob seu poder[112].

Também a relação entre Maria e o Espírito Santo na encarnação do Verbo nos mostra o modo como Maria não instru-

---

[112] BARTOSIK, Grzegorz. Mariologia e pneumatologia. In: PONTIFICIA ACADEMIA MARIANA INTERNATIONALIS. *Mariologia a tempore Concilii Vaticani II.* Receptio, ratio et prospectus. Acta congressus mariologici-mariani internacionalis in civitate Romae anno 2012 celebrati. Città del Vaticano: Pontificia Academia Mariana Internationalis, 2013, p. 316.

mentaliza o Paráclito, pois em tudo ela é o sujeito em quem o Espírito age, tanto de forma objetiva – pela concepção virginal/pneumatológica –, quanto de forma subjetiva – vivendo unida ao Espírito pelo amor e pela obediência[113]. Desse modo, cremos que Maria sempre esteve "coberta" pela sombra do Altíssimo, vivendo sua vocação na radicalidade do cotidiano de uma mulher judia de seu tempo, entendendo-se como *serva*.

O "imobilismo" do Espírito

Esse segundo item, sobre as formas de redução do Espírito, deriva do primeiro, mas devido a alguns aspectos particulares consideramos por bem tratá-los de modo separado. O mesmo se aplica ao terceiro item que trataremos a seguir.

Sentimos novamente a estranheza do termo: *imobilismo* do Espírito. Como? Se Ele é o *Sopro Criador*, então, como pode-se pensar em *sopro imóvel*? Isso é uma grave contradição. De fato, como encontramos essa contradição?

Quando Paulo interroga os fiéis de Corinto: "Não sabeis que vosso corpo é santuário daquele que habita em vós, o Espírito Santo que recebestes de Deus [...]?" (1Cor 6,19), ele o faz em vista da liberdade de modo que o seguimento de Cristo, liberto das amarras da imoralidade, seja um testemunho de vida integral. Assim, a ética sexual, à qual a pergunta retórica de Paulo está ligada, em última instância, não se refere de forma exclusiva a uma dimensão do ser humano (a dimensão sexual), mas ao todo da vida cristã, uma vez que visa a liberdade. Sem a

[113] *Ibid.*, p. 319.

liberdade, a moral sexual cai em um vácuo, em um conjunto de códigos de conduta formados de letras mortas e mutiladoras.

Desse modo, não existe liberdade estática, *ensimesmada* em um sujeito. Ela é sempre dinâmica, sempre um movimento em direção ao bem. É um fazer a pessoa sair-se de si mesma em direção ao que é justo, melhor, conforme suas convicções, e um voltar-se a si mesma, em oração e reflexão. Essa dinâmica nos mostra a liberdade, então, como um *dom do Espírito Santo*, pois sem Ele nós nos afogamos em nós mesmos.

Por isso, com Paulo, nós nos compreendemos como "Santuário do Espírito Santo", cremos que por graça o Espírito *sobrevém* em cada ser humano, mas não para ficar *quietinho*, pois Ele nos faz sair de nós mesmos, colocando-nos em movimento de transcendência em direção a quem é o Absoluto de nossa vida, enquanto finalidade (*télos*), enquanto razão última da existência humana[114].

E esse movimento em direção ao Absoluto acontece de modo concomitante com o *ir em direção ao próximo*, ou, nas palavras de E. A. Johnson: "O Espírito é o Espírito de liberdade, inclinado a libertar os cativos, em vez de mantê-los presos, propenso a promoção da vida, em lugar de abafá-la"[115]. Logo, tanto o Espírito de Deus não é *imóvel* como não é *neutro* em relação a tudo o que ameaça a vida e a dignidade das criaturas.

Com esses elementos, voltemos nossa atenção à afirmação da LG 53, que, ancorada na Tradição, apresenta-nos Maria como

---

[114] OLIVEIRA, O Espírito presente em meio às ambiguidades da vida, p. 277.

[115] JOHNSON, Elizabeth A. *Aquela que é.* O mistério de Deus no trabalho teológico feminino. Petrópolis: Vozes, 1995, p. 218.

Sacrário do Espírito Santo[116]. Essa expressão ou título mariano pauta-se na compreensão de Maria como "o lugar santo" em que o Espírito de Deus se manifestou desde sua concepção. Ele relaciona-se de modo direto a outras expressões, como *templo, santuário, tabernáculo*, pois são lugares circundados pela glória de Deus e, a partir do período, assumidos como prefigurações marianas[117]. Outras prefigurações marianas associadas à ideia de lugar, como *arca da aliança* e *tenda do encontro,* também conservam essa temática de Maria enquanto *lugar santo* da presença de Deus, porém com conotações mais cristológicas.

As prefigurações marianas são muito importantes para a compreensão de determinados aspectos da forma como Maria está inserida no plano da salvação e constituída um sinal de seguimento da fé, mas, por outro lado, como servem para a ilustração de um determinado aspecto, não devem ser assumidas como chaves de compreensão capazes de tratar de modo integral o mistério no qual Maria está inserida. Uma coisa é dizer que Maria é a *arca da aliança* e outra, muito mais profunda, é dizer que Maria é a Santa *Theotokos*, ou seja, a definição dogmática conserva o mistério de forma muito mais plena que uma prefiguração.

A questão que trazemos é que é muito prejudicial qualquer associação da ideia de *lugar sagrado* com um *imobilismo* ou *alheamento* de Maria à realidade concreta da humanidade. A Mãe de Jesus, segundo o Novo Testamento, mostra-se alguém

[116] O termo *sacrário do Espírito Santo* aparece primeiramente em Isidoro de Servilha (PL 83,148), enquanto os demais Padres da Igreja optam em sua maioria pelo uso da expressão *arca da aliança* (LANGELLA, 1993, p. 32).

[117] BARTOSIK, Mariologia e pneumatologia, p. 325.

atenta a tudo o que está acontecendo e não fica parada diante dos fatos, ilesa dentro de sua casa. Assim Maria é um *lugar santo*, onde o Espírito Divino fez sua morada de modo permanente, mas como mulher concreta deixa-se mover pelo Espírito Santo, fazendo-se *peregrina na fé*.

A espiritualidade mariana verdadeira tem consigo essa mobilidade em direção à construção de um mundo melhor, ao amor e à justiça porque o Autor de toda e qualquer espiritualidade verdadeira é o Espírito Santo, que é a *Ação enquanto Pessoa divina*.

Intimismo onde deveria haver intimidade

O uso do termo *intimismo* aqui aplicado significa um desvio da intimidade. Se, de modo muito genérico, entendemos intimidade como estreitamento de laços de amor, amizade, cumplicidade, relação, o *intimismo*, por sua vez, é uma concentração exagerada do indivíduo em si mesmo, onde tudo deve girar ao "redor do próprio umbigo", inclusive o próprio Deus. A forma de relação que a pessoa *intimista* visa estabelecer é sempre permeada pela centralidade de suas demandas, por mais variadas que sejam.

E isso nos leva a questionar certas formas de relação com Deus. Por mais que se diga *Pai-nosso*, busca-se um *Meu Pai do Céu*, que faça a vontade do indivíduo, e não que seja feita a vontade [do Pai].

Além da inversão da relação de obediência que se espera estabelecer com Deus, outra consequência do *intimismo* é a *evaporação* do senso de Igreja enquanto Povo de Deus e de justiça social, pois a Igreja para o *intimista* não é comunidade de irmãos/as, mas um serviço especializado de graças a serem concedidas a sua pessoa, e se existem pobres e sofredores no mundo entende que bastam suas orações para que eles também, de uma forma que pouco lhe interessa, beneficiem-se de algo.

Com isso, criou-se uma expressão razoável diante desse desatino, mas que, tomada em sua profundidade, torna-se um pleonasmo. Referimo-nos ao jargão *espiritualidade encarnada.* O termo torna-se necessário diante do *intimismo religioso*, contudo, se a espiritualidade não está inserida em uma relação de comunhão da pessoa com Deus (como o Outro por excelência, a quem somos convidados a fazer sua vontade), com as pessoas (sobretudo com os marginalizados e sofredores) e com todo o ecossistema, não é uma, de fato, espiritualidade.

Lembremos o que há pouco falávamos sobre a relação da experiência de Deus e do "sair de si mesmo". Há uma dialética vital entre intimidade com Deus e abertura compassiva, justa e amorosa para com as pessoas e demais criaturas. Pois "os místicos encontram a Deus no mais profundo e no mais alto de si mesmos"[118] e, ao mesmo tempo, são capazes de atuar com extremo dinamismo nos processos de transformação e libertação social e eclesial. Uma pessoa que vive em intimidade com Deus, mesmo o mais solitário eremita, não está fechada em si mesma, mas em comunhão profunda com o Criador e com todas as criaturas.

[118] PEDROSA-PÁDUA, Lúcia. *Santa Teresa de Jesus.* Mística e humanização. São Paulo: Paulinas, 2015, p. 43.

Também nessa questão, a Virgem Maria é modelo de intimidade com Deus e abertura solidária para com as criaturas. Dentre as diferentes possibilidades que podemos tratar dessa relação, elegemos a dimensão esponsal em Maria.

As *núpcias sagradas* é uma metáfora da relação da pessoa com o Sagrado que aparece em diversas religiões com suas conotações particulares. O judaísmo não fica fora dessa metáfora, pois Israel se entende como "povo eleito", expressão de uma nova humanidade com a qual Deus fez uma aliança de amor e fidelidade, logo, sente-se como *uma esposa bem amada por Deus* (Os 2; Jr 31,17-22; Is 54,4-8; 71,10-11). Vale dar um destaque particular ao livro do *Cântico dos Cânticos*, que, partindo da narração de um poema lírico sobre o amor humano, foi acolhido como alegoria na tradição hebraico-cristã, como a relação de amor entre Deus-Israel e Cristo-Igreja, posteriormente, assumido como expressão da união mística entre Cristo e a *alma* do fiel contemplativo.

Também essa metáfora esponsal aparece no Novo Testamento nas bodas de Caná (Jo 2,1-12), na exortação paulina, para que os maridos amem suas mulheres como Cristo ama sua Igreja (Ef 5,22-33), e no Apocalipse, em que a Igreja é diretamente referida como esposa de Cristo (Ap 17,7; 22,17).

Partindo da história das religiões até os místicos cristãos, podemos dizer que a metáfora esponsal é a forma mais aproximada de falar sobre a intimidade que o fiel vive com o Sagrado. Por *forma aproximada*, entendemos que não há como fazer um discurso objetivo e dissertativo sobre essa experiência, logo as categorias de união, do erotismo, do amor e da afetividade humana são os recursos que disponibilizamos para algo muito pessoal de cada indivíduo.

Nessa dimensão, Maria é recebida pela tradição como o *modelo esponsal por excelência*, dada a profundidade e a singularidade que viveu (vive) sua união com Deus. A dimensão esponsal é aplicada a Maria em relação às três Pessoas divinas, agregando prefigurações do Antigo Testamento, reinterpretações dos Evangelhos e, sobretudo, pela piedade e devoção do povo, que desafiam os teólogos/as de todos os tempos a sistematizar o que o povo diz em categorias teológicas.

Como estamos refletindo sobre a relação do Espírito Santo com Maria, atenhamo-nos à expressão mariana *Esposa do Espírito Santo*.

A referência mais antiga sobre essa forma esponsal de tratar da intimidade de Maria com o Espírito Santo encontra-se no poeta latino Aurélio Prudêncio (†405 – PL 59, 969), como, da parte oriental, temos o testemunho de Metódio de Olimpo (séc. V – PG 18, 354c). Contudo é com Francisco de Assis (†1226) que a ideia esponsal se converte no título mariano de *Esposa do Espírito Santo*.

Em todo o percurso dessa dimensão esponsal entre Maria e o Espírito Santo é indiscutivelmente clara a conotação de profunda intimidade entre ambos, livre de qualquer conotação mitológica de seres divinos que se relacionam sexualmente com humanos. E sendo Maria um *arquétipo* da existência cristã para todo fiel, a forma como está mergulhada no amor da terceira Pessoa divina é paradigmática para todos. É uma vivência singular, temos ciência disso, mas claramente inclusiva, pois o

Espírito Santo é o laço que nos une à Santíssima Trindade. M. Welker nos explica isso da seguinte forma: "A ação do Espírito Santo gera intimidade com Deus, sim, o Espírito de Deus é, ele próprio, essa intimidade"[119] .

Maria sempre esteve unida àquele que é a Intimidade divina, o que implicou diretamente em sua prontidão em cumprir a vontade de Deus, ou seja, a coloca em movimento, em uma postura de abertura para a vida. Das Escrituras, extraímos a compreensão de que ela nada pediu para si mesma, não almejou nenhuma grandeza, não quis fazer de Deus alguém que atenda suas vontades. De sua intimidade com o Paráclito, brota sua autocompreensão de *serva*, de quem quer que a vontade de Deus se cumpra sempre. Nada de intimismo, nada de barganhas com Deus, somente amor e serviço.

À guisa de conclusão

Qual o nível de profundidade que nosso olhar sobre Maria alcança? Vemos nela um socorro em nossas aflições. Sim, e o que mais vemos? A mãe com seu menino ou o menino nos braços de sua mãe (não desprezemos nessa questão a ordem das figuras)? Se vemos o menino nos braços da mãe, então estamos vendo o mistério da encarnação. E sendo a encarnação uma ação das três Pessoas divinas, estamos diante de uma *porta que se abre* ao mistério trinitário. Maria é essa porta e, vista em sua

---

[119] WELKER, Michael. *O Espírito Santo.* Teologia do Espírito Santo. São Leopoldo: Sinodal/EST, 2010, p. 271.

singularidade, deixa transparecer algo muito maior do que ela, ou seja, ela em sua *transparência* nos permite ver o amor e a fidelidade da Trindade em nossa história.

Diante do mistério trinitário que quer acolher todo o universo, Maria se coloca como no ministério da acolhida. Ela assume a voz de Deus nos dizendo: "Lembre-se, é preciso tirar as sandálias, esse lugar é santo" (Ex 3,5). A seu lembrete, somos convidados a tirar as sandálias carregadas do pó de nossa cansativa infidelidade ao Evangelho. Maria vai mais além, oferece-nos água morna para os pés, como alívio e limpeza. Em tudo e em todos os momentos, a Virgem Mãe de Deus nos aponta para Deus, Trindade Santa e Bendita.

simplicidade, deixa transparecer algo muito maior do que ela.

CONCLUSÃO

Onde a terra encontra o céu

A teologia contemporânea libertou-se das amarras ambíguas e esclerosadas entre sagrado e profano. Deus ao tudo criar viu que esse tudo era bom. O Filho se fez verdadeiramente ser humano. O Espírito foi derramado sobre todo o universo. Como a porção de água derramada no vinho a ser eucaristizado e que não pode voltar a ser somente um pouquinho de água, tudo foi abraçado por Deus e tudo se volta a Deus como um hino de louvor e gratidão.

Mas Deus não criou a danação de Adão e Eva travestida da tentação de se igualarem ao Criador. O Filho é em tudo semelhante a nós, menos no pecado. O Espírito Santo, derramado sobre todas as coisas, não se confunde nem se mistura com os mecanismos que flagelam o meio ambiente, corrompem relações humanas e geram morte. O pecado e a morte não fazem parte da Divindade, como também não fazem parte da finalidade com que Deus pensou cada ser humano. Pecamos, mas não é o pecado que nos define.

Se pensarmos que o pecado nos define, poderíamos nos depreciar, a ponto de negar o plano de amor de Deus para nós, dizendo que *o céu se encontrou com a terra, mas a terra é incapaz de tocar o céu*. Isso é uma tentação, algo que quer nos desviar do caminho para Deus. Se o céu tocou a terra, é evidente que a terra tocou o céu. E nada pode mudar isso. Mas é preciso dizer isso de modo claro e firme. Nesse momento, chega a hora da teologia.

A teologia é como uma mulher que cuida de seu jardim. Ela olha para o solo e pega com suas mãos a terra onde vai deitar suas sementes, raízes e mudas. Por ser a terra excelente, o mato cresce rápido. Assim, a mulher precisa capinar, se fazer chegar o melhor possível à terra. E faz seu jardim. Ela não é senhora do crescimento das flores e plantas. É testemunha. E também sabe que as pessoas precisam transitar em seu jardim. Por isso cria caminhos para que todos possam maravilhar-se com a obra de Deus. A teologia segue esse ritmo. Tem nas Escrituras e na Tradição seu chão. Busca na exegese e em outros métodos hermenêuticos a melhor forma de entrar em contato com as fontes da fé. E constrói um argumento que seja capaz de fazer as pessoas transitarem por seu vocabulário e seus conceitos, se maravilhando da história que Deus quis fazer com a humanidade. A teologia não é senhora de todo o discurso sobre Deus. Ela é testemunha qualificada da história que Deus faz com a humanidade.

De modo particular, a mariologia está envolvida nesse movimento. Não simplesmente por ser uma disciplina teológica, pois a mariologia não é *um canteiro qualquer no jardim da teologia*. A mariologia é o que pode ser considerada, resguardando suas particularidades epistemológicas, uma síntese de toda a teologia à luz da experiência que Maria de Nazaré fez de Deus, enquanto Trindade. E nessa mulher, vemos o rosto de toda a humanidade, que se inclinou sobre o rosto de Jesus e o beijou com amor. *A terra encontrou o céu.*

Referências Bibliográficas

Primeira Parte

ÁLVAREZ, Carlos G. *Maria Discípula de Jesus e mensageira do Evangelho*. São Paulo: Paulinas, Paulus, 2005.

AVELAR, Maria Carmen. *Maria, Educadora para a Solidariedade*. In: BUCKER, Barbara P., BOFF, Lina & AVELAR, Maria Carmen. Maria e a Trindade Implicações pastorais – Caminho pedagógico, Vivência da espiritualidade. São Paulo: Paulus, 2002.

BOFF, Clodovis. *Mariologia Social. O significado da Virgem Maria para a sociedade*. São Paulo: Paulus, 2006.

BOFF, Leonardo. *A Trindade e a Sociedade, O Deus que liberta o seu povo*. Petrópolis, RJ: Vozes, 1996.

BOFF, Lina. *Como tudo começou com Maria de Nazaré*. Editora Letra Capital: Rio de Janeiro, 2016.

BRANICK, VINCENT. *A Igreja doméstica nos escritos de Paulo*. São Paulo: Paulus, 1994.

CAPRANI, Julio. *Maria a Estrela da evangelização. A presença de Maria nas cinco Conferências Gerais do CELAM*. São Paulo: Editora Ave Maria, 2014.

FRANCISCO, Papa; POZZA, Marco. Ave Maria. São Paulo: Planeta do Brasil, Paulus, 2019.

IWASHITA, Pedro K. *Maria na Teologia Simbólica da Patrística. In* https://revistas.pucsp.br/index.php/culturateo/article/view/rct.i87.28560/20047.Acesso em 29/01/2022, pág. 178-201.

JOHNSON, Elisabeth A. *Nossa verdadeira irmã, Teologia de Maria na comunhão dos santos*. São Paulo: Loyola, 2007.

MASOTTI, Adriana – Cidade do Vaticano. *O sentido da Mãe na Igreja*. *In:* https://www.vaticannews.va/pt/papa/news/2020-06/maria-mae-da-igreja.html.

MURAD, Afonso. *Maria toda de Deus e tão humana*. Compêndio de Mariologia. São Paulo: Paulinas, Aparecida, Santuário, 2012.

________. *Uma coroação surpresa*. In https://www.a12.com/academia/artigos/uma-coroacao-surpresa-1.

SÃO PAULO VI. *Maria Mãe da Igreja, O magistério mariano de Paulo VI*. Campinas, SP: CEDET, 2017. Traduzido por Libreria Editrice Vaticana.

SOUSA, Celia S. *Aprender de Maria: teimosia na luta contra o sistema de morte de Belém e dos sistemas de hoje*. *In* Revista Vida Pastoral, Ano 56, n. 304 https://www.vidapastoral.com.br/artigos/aprender-de-maria-teimosia-na-luta-contra-o-sistema-de-morte-de-belem-e-dos-sistemas-de-hoje/.

Dicionário

DE FIORES, S.; Stefano; MEO, Salvatore. (Orgs.). Dicionário de Mariologia Tradução: Álvaro A. Cunha, Honório Dalbosco, Isabel F.L. Ferreira. São Paulo: Paulus, 1995.

Documentos do Magistério

Documentos pontifícios

FRANCISCO. Exortação Apostólica *Evangelii Gaudium* sobre o anúncio do Evangelho no mundo atual.

FRANCISCO. Exortação Apostólica *Gaudete et Exsultate* sobre o chamado à santidade no mundo atual.

_______. Exortação Apostólica pós-sinodal *Christus Vivit* aos jovens e a todo o Povo de Deus.

_______. Carta Apostólica *Patris Corde* por ocasião do 150º aniversário da Declaração de São José como padroeiro universal da Igreja.

JOÃO PAULO II. Carta Encíclica *Ecclesia de Eucharistia* sobre a Eucaristia na sua relação com a Igreja.

PAULO VI. Exortação Apostólica *Marialis Cultus* para a reta ordenação e desenvolvimento do culto à Bem-Aventurada Virgem Maria.

Documentos conciliares

Documento do Concílio Ecumênico Vaticano II. São Paulo: Paulus, 1997.

Constituição dogmática *Lumen Gentium* sobre a Igreja.

Constituição dogmática *Gaudium et Spes* sobre a Igreja no mundo atual.

Documento da Comissão teológica internacional

A Sinodalidade na Vida e na Missão da Igreja – Documentos da Igreja 48.

Documentos das Conferências Episcopais

Magistério Latino-americano

Conferência Geral do Episcopado Latino-Americano e do Caribe em Puebla.

Conferência Geral do Episcopado Latino-Americano e do Caribe em Aparecida.

Igreja no Brasil

Conferência Nacional dos Bispos do Brasil

Missão e Ministérios dos cristãos leigos e leigas. Documento 62.

Cristãos leigos e leigas na Igreja e na sociedade. Sal da Terra e luz do Mundo (Mt 5,13). Documentos 105.

Diretrizes Gerais da Ação evangelizadora da Igreja no Brasil, 2019-2023. Documento 109.

Segunda Parte

AZEVEDO, Manuel Quitério de. *O culto a Maria no Brasil.* História e teologia. Aparecida: Editora Santuário / Academia Marial, 2001.

BARTOSIK, Grzegorz. Mariologia e pneumatologia. In: PONTIFICIA ACADEMIA MARIANA INTERNATIONALIS. *Mariologia a tempore Concilii Vaticani II.* Receptio, ratio et prospectus. Acta congressus mariologici-mariani internacionalis in civitate Romae anno 2012 celebrati. Città del Vaticano: Pontificia Academia Mariana Internationalis, 2013.

BECKHÄUSER, Alberto. Maria nos textos eucológicos. In: GUIMARÃES, Valdivino (org.). *Maria na liturgia e na piedade popular.* São Paulo: Paulus.

BINGEMER, Maria Clara; FELLER, Vitor Galdino. *Deus Trindade: a vida no coração do mundo.* São Paulo: Paulinas / Valência: Siquem, 2003.

BOFF, Clodovis Maria. *Mariologia social.* O significado da Virgem para a sociedade. São Paulo: Paulus, 2006.

BONARRIGO, Luigi. *Maria Sposa dello Spirito Santo nella teologia contemporanea.* Lugano: Edizioni Cantagalii s.r.l., 2018.

BROWN, Raymond E. *A comunidade do discípulo amado.* São Paulo: Paulus, 1999.

DENZINGER, H.; HÜNERMANN, P. *Compêndio dos símbolos, definições e declarações de fé e moral.* São Paulo: Paulinas / Loyola, 2007.

FRANCISCO. Carta Encíclica *Laudato Si'* sobre o cuidado da casa comum. São Paulo: Paulinas, 2015.

GAMBERO, Luigi. (org.). *Scintille a Efeso anno 431.* Cristo e la Madre sua al centro del dibattito conciliare. Cinisello Balsamo: San Paolo, 2014.

GARCÍA-MURGA, José Ramón. *María – Mujer – Iglesia.* ¿Por qué Maria si ya tenemos a Cristo? Madrid: San Pablo / Comillas, 2012.

GRZYWACZ, José. *Bem-aventurada.* Estudo popular sobre Maria, a Mãe de Jesus. São Paulo: Paulus, 2018.

JOHNSON, Elizabeth A. *Aquela que é.* O mistério de Deus no trabalho teológico feminino. Petrópolis: Vozes, 1995.

LANGELLA, Alfonso. *Maria e lo Spirito Santo nella teologia cattolica post-conciliare.* Napoli: M. D''auria editore, 1993.

LAURENTIN, René. *Maria chiave del mistero cristiano.* La più vicina agli uomini perché la più vicina a Dio. Cinisello Balsamo: Edizioni San Paolo, 1996.

LAURENTIN, RENÉ. *Breve trattato sulla Vergine Maria.* Cinisello Balsamo: Edizioni San Paolo, 2016.

NESTÓRIO. Sermo Primus. De Incarnatione Domini nostri Jesu Christi. In: MIGNE, J-P (Ed.). *Opera omnia.* [Paris]: Migne, 1846, col. 757-763. (Patrologia Latina, 48).

OLIVEIRA, Pedro Rubens Ferreira de. O Espírito presente em meio às ambiguidades da vida: traços da pneumatologia simbólica de Paul Tillich. In: PESPECTIVA TEOLÓGICA. *Pneumatologia.* Belo Horizonte: v. 52, n. 2, p. 257-540, Mai./Ago. 2020.

PEDROSA-PÁDUA, Lúcia. *Santa Teresa de Jesus.* Mística e humanização. São Paulo: Paulinas, 2015.

PENNA, Romano. La paternità in Dio nel Nuovo Testamento. Natura e condizionamenti culturali. In: RASSEGNA DI TEOLOGIA: gennaio – febbraio / 1999 - anno XL.

PERRY, Tim; KENDALL, Daniel. *A Santíssima Virgem.* São Paulo: Loyola, 2015.

PIACENTINI, Ernesto. I punti focali del pensiero mariologico del P. Leone Veuthey. In: VEUTHEY, Leone. *Dottrina mariologica.* Maria Immacolata Madre in prospettiva francescana. Roma: Editrice Miscelanea Francescana, 2003.

RATZINGER, Joseph. *Jesus de Nazaré:* contribuições para a cristologia. Obras completas, volume 6, Tomo I. Brasília: Edições CNBB, 2021.

SEGUNDO, Juan Luis. *A história perdida e recuperada de Jesus de Nazaré:* dos sinóticos a Paulo. São Paulo: Paulus, 1997.

SESBOÜÉ, B. A divindade do Filho e do Espírito Santo (século IV). In: SESBOÜÉ, Bernard (dir.); WOLINSKI, J. *O Deus da salvação (séculos I – VIII).* 3ed. São Paulo: Loyola, 2015.

STENDHAL. *O vermelho e o negro.* São Paulo: Abril, 2010.

SUSIN, Luiz Carlos. Espírito Santo – seio maternal de Deus. In:

HACKMANN, Geraldo L. B. (org.). *Sub umbris fideliter.* Festschrift em homenagem a Frei Boaventura Kloppenburg. Porto Alegre: EDIPUCRS, 1999.

PERRY, Tim; KENDALL, Daniel. *A Santíssima Virgem.* São Paulo: Loyola, 2015.

TESTA, Emmanuele. *Maria terra vergine.* I rapporti della Madre di Dio con la SS. Trinità (Séc. I-IX). Jerusalém: Franciscan Printing Press, 1985, Vol. I.

WELKER, Michael. *O Espírito Santo.* Teologia do Espírito Santo. São Leopoldo: Sinodal/EST, 2010.

WOLINSKI, J. Da economia à "teologia" (século III). In: SESBOÜE, Bernard (dir.); WOLINSKI, J. *O Deus da salvação (século I -VIII).* 3ed. São Paulo: Loyola, 2015.

XAVIER, Donizete José; SILVA, Maria Freire da. A Kênosis do Espírito Santo e a criação em Sergei Bulgakov. In: PERSPECTIVA TEOLÓGICA. *Pneumatologia.* Belo Horizonte: v. 52, n. 2, p. 257-540, Mai./Ago. 2020.

Este livro foi composto com as famílias tipográficas Amaranth e Segoe UI
e impresso em papel Book Ivory 65g/m² pela **Gráfica Santuário**.